Rezepte ohne Kohlenhydrate

300 Low Carb Rezepte zum langfristigen Abnehmerfolg

Mathias Müller

Bilder: Fotolia
Lektorat, Korrektorat: Mathias Müller

Verlag:
Mathias Müller
Woltmanstraße 10
20097 Hamburg

ISBN: 153297633X
ISBN-13: 978-1532976339

INHALTSVERZEICHNIS

EINLEITUNG – 100 FRÜHSTÜCKSREZEPTE

Das Frühstück wird immer häufiger zu einer Mahlzeit, die im Stehen oder auf dem Weg zur Arbeit zu sich genommen wird. Die Anzahl an Kohlenhydraten, Zucker und Kalorien wird dabei in der Regel unterschätzt. Zwar sind die Snacks und belegten Brötchen aus Bäckereien sehr bequem, doch für das schlank werden wird der Körper durch ein kohlenhydratreiches Frühstück sehr belastet.

Selbst wenn die übrigen Mahlzeiten und Snacks Low Carb sind, ist der Abnehmerfolg nicht so deutlich als mit einer kompletten Ernährungsumstellung aller drei Hauptmahlzeiten. Mit den in diesem Kochbuch präsentierten 100 Frühstücksrezepten ist es ein Leichtes für den Zeitraum von zwei Wochen 14 Rezepte zu finden, die jeden Tag mit der nötigen Abwechslung starten lassen. ***Ob Vegetarier, Veganer oder Menschen mit Lebensmittelunverträglichkeiten, die große Auswahl an unterschiedlichen Zutaten macht es für jeden möglich, die zwei Wochen jeden Morgen mit einem anderen frisch zubereiteten Frühstück zu beginnen.***

Den Stellenwert des Frühstücks mit dem Abnehmerfolg einer Low Carb Diät in Verbindung zu bringen war mir beim Schreiben dieses Kochbuchs besonders wichtig. Das Frühstück selbst zuzubereiten soll dadurch auch ein Bewusstsein schaffen für die enthaltenen Zutaten. Anstelle von Brot, Müslis und Cerealien gibt es mittlerweile mit Eiweißbrot und Brötchen eine gesunde Low Carb Alternative für den Frühstückstisch.

So wird der Körper bereits am Morgen mit allen notwendigen Nährstoffen versorgt, um den Stoffwechsel anzukurbeln und nicht unnötig zu belasten. Daher eignet sich dieses Kochbuch zwar perfekt für eine Low Carb Diät, der Gedanke, der dahinter steckt, ist jedoch den Körper durch die aufgenommenen Nährstoffe mit Energie zu versorgen und den Energiehaushalt möglichst ausgeglichen zu gestalten. Aus meiner langjährigen Erfahrung heraus weiß ich zudem, wie wichtig es ist sich Zeit für das Frühstück zu nehmen. Da diese im Alltag oft knapp ist, finden sich in diesem Kochbuch sehr viele Rezepte, die entweder nur wenige Minuten in der Zubereitung benötigen oder bereits am Vorabend vorbereitet werden können. Gleiches gilt auch für die verwendeten Zutaten, für die nie mehr als ein Gang in den Supermarkt oder ein Reformhaus bzw. Drogerie notwendig ist.

Darin liegt einer der größten Vorteile einer Low Carb Diät. Denn während sich die Ernährungsgewohnheiten ändern, bleibt die gewohnte Routine des Einkaufens gleich. Weder müssen Spezialgeschäfte ausfindig gemacht, noch teure Produkte online gekauft werden. Denn die große Auswahl an Lebensmitteln in Supermärkten und bei Discountern hält auch ein umfangreiches Sortiment mit Produkten mit einem niedrigen Kohlenhydratwert parat. Wie einfach es ist eine Low Carb Diät in das eigene Leben zu integrieren, bestätigt auch die 38 jährige Krankenschwester Marion:

"Als Krankenschwester im Schichtdienst ist es nicht sehr leicht, eine Diät konsequent durchzuhalten ohne den Versuchungen der Snackautomaten zu widerstehen. Mit den 100 Low Carb Frühstücksrezepten war es jedoch endlich kein Problem mehr, auch bei Doppelschichten ein nahrhaftes Frühstück mit zur Arbeit zu nehmen. Zuhause habe ich mir auch gerne mehr Zeit genommen und für mich und meine zwei Kinder eines der leckeren Omeletts zubereitet. Da die Zutaten leicht in jedem Supermarkt zu bekommen sind, war es auch kein Problem meinen Kindern den Einkauf anzuvertrauen. Nach den zwei Wochen war ich daher auch da meine Kleidung endlich nicht mehr am Bauch und den Hüften spannte restlos von der Low Carb Ernährung überzeugt."

Während bei einer normalen Diät der Abnehmerfolg oft durch das Bezwingen des Hungergefühls erreicht wird, tritt dieses bei einer Low Carb erst gar nicht auf. Einzig die Gewichtung der Nährwerte wird zu Gunsten der Fette und Eiweiße verschoben. Das schenkt Energie und stärkt bereits nach wenigen Tagen merklich das Wohlbefinden. Gleiches gilt auch für die Leistungsfähigkeit, die nicht unter der Gewichtsreduzierung leidet, sondern unverändert zur Verfügung steht.
Das erleichtert es sich Stück für Stück mit der eigenen Ernährung auseinanderzusetzen, um so herauszufinden, welche Ernährung gleichzeitig bequem und gesund ist. Mit diesem Kochbuch halten die Leser daher auch

eine **ganz praktische Hilfe als Basis für eine dauerhafte Ernährungsumstellung** in den Händen. Denn schließlich sollte der in den zwei Wochen erzielte Gewichtsverlust auch nach Monaten noch sichtbar sein oder sich sogar noch vergrößert haben. Die Motivation diesen Schritt zu gehen, kommt mit jedem neuen Kompliment das beweist, dass die neue Figur und das Selbstbewusstsein auch durch Ihr eigenes Umfeld anerkannt werden.

Die **100 Frühstücksrezepte verteilt auf 10 Kategorien** liefern von kalten Speisen zubereitet mit Milchprodukten bis zu süßen und herzhaften Crepes eine kulinarische Vielfalt die das Frühstück nicht nur am Wochenende wieder zu einer der wichtigsten Mahlzeiten des Tages machen wird. Nehmen auch Sie mit diesem Kochbuch die realistische Chance für ein gesundes und schlankes Lebensgefühl einfach selbst in die Hand.

Süße Frühstücksrezepte

Joghurtsmoothie

Zeit: 5 Minuten
Schwierigkeitsgrad: Einfach

Nährwertangaben pro Person:
Kalorien: 170 kcal
Fett: 12 g
Eiweiß: 5 g
Kohlenhydrate: 9 g

Zutaten für 4 Personen:

- 500 g griechischer Joghurt
- 250 g Erdbeeren
- 200 g Rhabarber

Zubereitung:

1. Erdbeeren und Rhabarber waschen, den Strunk und die Enden entfernen und grobe Stücke schneiden.
2. Die Zutaten in den Mixer geben und für drei Minuten auf höchster Stufe fein pürieren. Auf vier Gläser aufteilen und sofort servieren oder im Kühlschrank aufbewahren.

Buttermilch-Zimt-Pancakes

Zeit: 20 Minuten
Schwierigkeitsgrad: Einfach

Nährwertangaben pro Person:
Kalorien: 312 kcal
Fett: 14 g
Eiweiß: 37 g
Kohlenhydrate: 7,2 g

Zutaten für 4 Personen:

- 300 g Kokosmehl
- 200 ml Buttermilch
- 3 Eier
- 1 Vanilleschote
- 1 Päckchen Backpulver
- 1 TL Zimt

Zubereitung:

1. Die Vanilleschote halbieren und das Mark mit einem Messer entfernen.
2. Das Vanillemark mit den übrigen Zutaten zu einem glatten Teig verarbeiten.
3. Eine Pfanne mit etwas Öl oder Butter ausstreichen und darin die Pancakes von beiden Seiten goldbraun ausbacken.

Kokosnussbrot

Zeit: 45 Minuten
Schwierigkeitsgrad: Einfach

Nährwertangaben pro Person:
Kalorien: 670 kcal
Fett: 59 g
Eiweiß: 20,5 g
Kohlenhydrate: 7,2 g

Zutaten für 4 Personen:

- 5 Eier
- 200 g Kokosmehl
- 100 g Kokosraspeln
- 150 g geschmolzene Butter
- 1 TL Backpulver
- 1 Prise Salz

Zubereitung:

1. Alle Zutaten zu einem glatten Teig verarbeiten. Diese zugedeckt für etwa 5 Minuten ruhen lassen.
2. Den Ofen auf 180° vorheizen und eine Backform einfetten. Dein Teig darin glatt verstreichen und für 35 - 40 Minuten backen. Vor dem Servieren etwa 20 Minuten abkühlen lassen.

Rhabarbermuffins

Zeit: 40 Minuten
Schwierigkeitsgrad: Einfach

Nährwertangaben pro Person:
Kalorien: 505 kcal
Fett: 37,5 g
Eiweiß: 31,9 g
Kohlenhydrate: 5,9 g

Zutaten für 4 Personen:

- 200 g Rhabarber
- 250 g Mandelmehl
- 125 g weiche Butter
- 100 ml Buttermilch
- 3 Eier
- 1 Vanilleschote
- 1 Päckchen Bachpulver
- 3 EL Steviapulver
- 1 Prise Salz

Zubereitung:

1. Zuerst die Vanilleschoten halbieren und vorsichtig das Mark entfernen. Im Anschluss den Rhabarber in mundgerechte Stücke schneiden.
2. Die weiche Butter zusammen mit dem Mehl, Salz und Stevia schaumig schlagen. Die Eier nacheinander einarbeiten und zum Schluss die Buttermilch und das Vanillemark mit dem Teig vermengen.
3. Mit einem Löffel die Rhabarberstücke gleichmäßig unterheben. Den Teig auf 8 Förmchen verteilen und diese bei 200° für ca. 25 Minuten backen.

Crepes

Zeit: 20 Minuten
Schwierigkeitsgrad: Einfach

Nährwertangaben pro Person:
Kalorien: 250 kcal
Fett: 15 g
Eiweiß: 24 g
Kohlenhydrate: 5,7 g

Zutaten für 4 Personen:

- 175 g Mandelmehl
- 100 g griechischer Joghurt
- 250 ml Milch
- 2 Eier
- 2 TL Zuckerersatz wie zum Beispiel Stevia

Zubereitung:

1. Alle Zutaten in eine Schüssel geben und dort mit dem Handrührgerät zu einem glatten Teig verarbeiten.
2. Eine Pfanne mit etwas Öl oder Butter auf dem Herd erhitzen und die Crepes dort portionsweise anbraten. Durch Schwenken verteilt sich der Teig besser, so dass der gesamte Boden der Pfanne bedeckt ist. Von beiden Seiten goldbraun ausbacken und nach Wunsch belegen oder pur genießen.

Früchtequark

Zeit: 5 Minuten
Schwierigkeitsgrad: Einfach

Nährwertangaben pro Person:
Kalorien: 47 kcal
Fett: 15,2 g
Eiweiß: 14,7 g
Kohlenhydrate: 10,2 g

Zutaten für 4 Personen:

- 600 g Quark
- 2 Clementinen
- 2 Kiwis

Zubereitung:

1. Die Clementinen und Kiwis schälen. Die Filets der Klementinen mit einem Messer auslösen und den Saft in einer Schüssel auffangen. Die Kiwis in mundgerechte Stücke schneiden.
2. Alle Zutaten in eine Schüssel geben und vorsichtig vermengen. Entweder sofort servieren oder im Kühlschrank aufbewahren.

Energieriegel

Zeit: 25 Minuten
Schwierigkeitsgrad: Einfach

Nährwertangaben pro Person:
Kalorien: 474 kcal
Fett: 32,5 g
Eiweiß: 27,5 g
Kohlenhydrate: 7,1 g

Zutaten für 4 Personen:

- 250 g Quark
- 100 g gemahlene Mandeln
- 50 g Eiweißpulver mit Vanillegeschmack
- 50 g gehackte Haselnüsse
- 50 g gehackte Walnüsse
- 3 Eiweiße

Zubereitung:

1. Zuerst alle Zutaten bis auf die gehackten Nüsse zu einer glatten Masse vermengen. Im Abschluss die Hasel- und Wallnüsse mit einem Löffel unterheben.
2. Den Teig in einer ausgefetteten Backform verstreichen und für 20 Minuten in dem auf 175° vorgeheizten Ofen backen.
3. Nach der Backzeit kurz auskühlen lassen und auf 4 Portionen aufteilen.

Ricotta mit Beeren

Zeit: 5 Minuten
Schwierigkeitsgrad: Einfach

Nährwertangaben pro Person:
Kalorien: 245 kcal
Fett: 17,5 g
Eiweiß: 11,1 g
Kohlenhydrate: 9,2 g

Zutaten für 4 Personen:

- 400 g Ricotta
- 200 g Brombeeren
- 200 g Himbeeren

Zubereitung:

1. Die Beeren waschen und mit einem Küchenpapier vorsichtig trockentupfen. Jeweils die Hälfte der Beeren in den Mixer geben und fein pürieren.
2. Den Ricotta mit einem Teelöffel zerkleinern und mit den übrigen Beeren vermengen.
3. Die Zutaten mit den pürierten Beeren beträufeln und sofort servieren.

Eiweißshake mit Heidelbeeren

Zeit: 5 Minuten
Schwierigkeitsgrad: Einfach

Nährwertangaben pro Person:
Kalorien: 169 kcal
Fett: 7,2 g
Eiweiß: 15,1 g
Kohlenhydrate: 9,9 g

Zutaten für 4 Personen:

- 500 ml Buttermilch
- 250 g Quark
- 125 g Heidelbeeren
- 25 g Eiweißpulver mit Vanillegeschmack

Zubereitung:

1. Alle Zutaten in einen Mixer geben und für etwa 3 Minuten zu einem cremigen Shake vermischen.
2. Auf vier Gläser aufteilen und entweder sofort servieren oder im Kühlschrank aufbewahren.

Sojaflocken mit Johannisbeeren

Zeit: 5 Minuten
Schwierigkeitsgrad: Einfach

Nährwertangaben pro Person:
Kalorien: 323 kcal
Fett: 16,1 g
Eiweiß: 34 g
Kohlenhydrate: 8,1 g

Zutaten für 4 Personen:

- 400 ml Buttermilch
- 300 g Sojaflocken
- 100 g rote Johannisbeeren

Zubereitung:

1. Die Johannisbeeren waschen und von den Stielen zupfen.
2. Die Zutaten auf vier Müslischüsseln und sofort servieren.

Herzhafte Frühstücksrezepte

Sandwich mit Roastbeef

Zeit: 10 Minuten
Schwierigkeitsgrad: Einfach

Nährwertangaben pro Person:
Kalorien: 520 kcal
Fett: 39,5 g
Eiweiß: 31 g
Kohlenhydrate: 6,5 g

Zutaten für 4 Personen:

- 8 Scheiben Low Carb Brot
- 8 Scheiben Roastbeef
- 150 g Frischkäse
- 20 g Meerrettich

Zubereitung:

1. Den Meerrettich fein reiben und mit dem Frischkäse vermengen.
2. Die Brotscheiben mit dem Frischkäse bestreichen. Auf vier der Brotscheiben jeweils zwei Scheiben Roastbeef legen und mit den übrigen Scheiben zuklappen. Am besten sofort genießen.

Gefüllte Parmaschinkenröllchen

Zeit: 10 Minuten
Schwierigkeitsgrad: Einfach

Nährwertangaben pro Person:
Kalorien: 127 kcal
Fett: 6,2 g
Eiweiß: 14 g
Kohlenhydrate: 3,9 g

Zutaten für 4 Personen:

- 12 Scheiben Parmaschinken
- 75 g Quark
- 75 g Ricotta
- 2 Frühlingszwiebeln
- 1 Prise Pfeffer

Zubereitung:

1. Die Frühlingszwiebeln in dünne Ringe schneiden und in einer Schüssel mit dem Quark und Ricotta vermengen. Zum Abschluss mit einer Prise Pfeffer würzen.
2. Die Füllung auf dem Parmaschinken verstreichen und vorsichtig einrollen. Dieses Rezept lässt sich leicht bereits am Vorabend vorbereiten.

Schottische Eier

Zeit: 30 Minuten
Schwierigkeitsgrad: Einfach

Nährwertangaben pro Person:
Kalorien: 620 kcal
Fett: 43 g
Eiweiß: 23 g
Kohlenhydrate: 10,5 g

Zutaten für 4 Personen:

- 9 Eier
- 400 g Bratwurstbrät
- 50 g Paniermehl
- 2 TL Petersilie
- Öl zum Frittieren

Zubereitung:

1. Zuerst 8 Eier in heißem Wasser hartkochen. Abkühlen lassen und im Anschluss pellen.
2. Die Brätmasse mit der Petersilie mischen. In acht Portionen aufteilen und die mit der Hand flach auf die Arbeitsfläche aufdrücken. Pro Portion jeweils ein Ei komplett mit der Hackmasse bedecken.
3. Zwei tiefe Teller bereitstellen. Auf einem Teller das übrige Ei aufschlagen und verquirlen. Auf den zweiten Teller das Paniermehl geben. Die Eier zuerst im Ei und danach dem Paniermehl wenden.
4. Öl in einem Topf oder der Fritteuse erhitzen und die schottischen Eier darin für ca. 8 – 10 Minuten frittieren. Auf einem Küchenpapier abtropfen lassen und noch warm servieren.

Himmlische Wolkeneier

Zeit: 25 Minuten
Schwierigkeitsgrad: Einfach

Nährwertangaben pro Person:
Kalorien: 181 kcal
Fett: 12,5 g
Eiweiß: 14,5 g
Kohlenhydrate: 1,4 g

Zutaten für 4 Personen:

- 4 Eier
- 100 g geriebener Käse
- 50 g Schinkenwürfel
- 1 EL frischer Schnittlauch
- 1 Prise Salz
- 1 Prise Pfeffer

Zubereitung:

1. Zuerst die Eier trennen. Die Eigelbe am besten in einer der Eierhälften belassen, damit diese intakt bleiben.
2. Das Eiweiß mit der Prise Salz zu Eischnee schlagen. Schnittlauch, Käse und Schinkenwürfel vorsichtig unterheben.
3. Ein Backblech mit Backpapier auslegen. Darauf jeweils vier kleine Häufchen formen. Diese mit einem Löffel etwas andrücken und mit der Rückseite des Löffels eine Mulde in der Mitte bilden. Bei 200 ° für 5 - 8 Minuten backen.
4. In jeder der Mulden jeweils eines der Eigelbe füllen. Für weitere 5 Minuten backen und im Anschluss sofort servieren. Wer das Eigelb nicht gerne flüssig isst, muss lediglich die Garzeit um 2 - 3 Minuten verlängern.

Speckmuffins

Zeit: 25 Minuten
Schwierigkeitsgrad: Einfach

Nährwertangaben pro Person:
Kalorien: 180 kcal
Fett: 13,3 g
Eiweiß: 13,5 g
Kohlenhydrate: 1 g

Zutaten für 4 Personen:

- 4 Scheiben Frühstücksspeck
- 4 Eier
- Pfeffer
- Paprikapulver

Zubereitung:

1. Den Backofen auf 200° vorheizen. Vier Kammern einer Muffinbackform jeweils mit einer Scheibe Speck auslegen. Die Scheiben dafür an den Seiten entlang auskleiden, so dass eine eigenständige Form entsteht. Für ca. 6 Minuten im Ofen backen.
2. Die Muffinform aus dem Ofen holen und langsam in jede der mit Speck ausgefüllten Formen ein Ei geben. Für weitere 15 Minuten im Ofen backen und danach nach Belieben mit Pfeffer, Paprikapulver oder frischen Kräutern würzen. Noch warm servieren.

Frühstückspfanne mit Corned Beef

Zeit: 30 Minuten
Schwierigkeitsgrad: Einfach

Nährwertangaben pro Person:
Kalorien: 362 kcal
Fett: 25,7 g
Eiweiß: 27 g
Kohlenhydrate: 3,1 g

Zutaten für 4 Personen:

- 400 g Corned Beef
- 400 g Zucchini
- 4 Eier
- Salz und Pfeffer zum Würzen

Zubereitung:

1. Das Corned Beef und die Zucchini in etwa 1 cm große Würfel schneiden. Diese in einer heißen Pfanne mit etwas Öl für etwa 10 Minuten andünsten. Im Anschluss nach Belieben mit Salz und Pfeffer abschmecken.
2. Vier Mulden in der Pfanne formen und jeweils ein Ei darin aufschlagen. Bei mittlerer Hitze stocken lassen und jedes Ei nochmals mit etwas Salz und Pfeffer würzen.
3. Mit einem Pfannenwender vorsichtig jede Portion auf einen Teller anrichten und noch warm servieren.

Salamirolle

Zeit: 40 Minuten
Schwierigkeitsgrad: Einfach

Nährwertangaben pro Person:
Kalorien: 508 kcal
Fett: 39 g
Eiweiß: 35 g
Kohlenhydrate: 0,7 g

Zutaten für 4 Personen:

- 200 g Mozzarella
- 150 g Salami
- 150 g geriebenen Gouda
- 60 g Mandelmehl
- 1 Ei
- 1 Eigelb
- 3 EL Frischkäse
- Salz und Pfeffer zum Würzen

Zubereitung:

1. Den Mozzarella in Würfel schneiden und gemeinsam mit Frischkäse und Ei in einer Schüssel für 90 Sekunden in der Mikrowelle schmelzen. Die Mischung danach mit dem Mandelmehl zu einem Teig verarbeiten.
2. Den Teig auf Backpapier dünn ausrollen. Zuerst mit dem Gouda und danach der Salami belegen. Vorsichtig einrollen und das Ende mit den Fingern leicht eindrücken. Die Rolle dann in 2 cm breite Stück schneiden. Diese auf einem Backblech ausbreiten und mit dem Eigelb bestreichen.
3. Für 25 Minuten bei 180 ° backen und noch warm servieren.

Geflügelfrikadellen

Zeit: 20 Minuten
Schwierigkeitsgrad: Einfach

Nährwertangaben pro Person:
Kalorien: 400 kcal
Fett: 28,5 g
Eiweiß: 31,3 g
Kohlenhydrate: 1,5 g

Zutaten für 4 Personen:

- 500 g gemischtes Hack
- 2 hartgekochte Eier
- 1 rote Zwiebel
- 1 Ei
- 25 g gemahlene Mandeln
- Salz und Pfeffer zum Würzen

Zubereitung:

1. Die rote Zwiebel sowie die zwei hartgekochten Eier schälen und fein würfeln.
2. Mit den restlichen Zutaten vermengen und zu kleinen Frikadellenbällchen formen.
3. In einer heißen Pfanne anbraten und entweder warm oder auch kalt genießen.

Lachscrepes

Zeit: 20 Minuten
Schwierigkeitsgrad: Einfach

Nährwertangaben pro Person:
Kalorien: 371 kcal
Fett: 21,6 g
Eiweiß: 35,4 g
Kohlenhydrate: 5,5 g

Zutaten für 4 Personen:

- 150 g Mandelmehl
- 150 g Räucherlachs
- 100 g Frischkäse
- 4 Eier
- 250 ml Milch
- 2 TL Schnittlauch

Zubereitung:

1. Mandelmehl, Eier und Milch zu einem Teig vermischen. In einer heißen Pfanne nacheinander zu hauchdünnen Crepes ausbacken.
2. Für die Füllung Frischkäse und Schnittlauch vermengen. Diese Mischung auf den Crepes verstreichen und den Lachs darauf legen.
3. Den Crepe zusammenrollen und zeitnah servieren.

Brötchen mit herzhaftem Frischkäse

Zeit: 5 Minuten
Schwierigkeitsgrad: Einfach

Nährwertangaben pro Person:
Kalorien: 425 kcal
Fett: 32,5 g
Eiweiß: 25,4 g
Kohlenhydrate: 5 g

Zutaten für 4 Personen:

- 4 Low Carb Brötchen
- 150 g Frischkäse
- 100 Lachsschinken
- 30 g geriebenen Parmesan

Zubereitung:

1. Den Lachschinken in feine Streifen oder Würfel schneiden. In einer Schüssel mit dem geriebenen Parmesan und dem Frischkäse vermengen.
2. Die Brötchen halbieren und den herzhaften Frischkäse auf den Hälften verstreichen. Auf einem Teller anrichten und servieren.

Vegetarische Frühstücksrezepte

Zucchinipfannkuchen

Zeit: 25 Minuten
Schwierigkeitsgrad: Einfach

<u>Nährwertangaben pro Person:</u>
Kalorien: 264 kcal
Fett: 14,7 g
Eiweiß: 27,5 g
Kohlenhydrate: 3,6 g

<u>Zutaten für 4 Personen:</u>

- 250 g Zucchini
- 100 g geriebenen Käse
- 100 g Mandelmehl
- 3 Eier
- Salz und Pfeffer zum Würzen

Zubereitung:

1. Die Zucchini mit einer Reibe fein zerkleinern.
2. Alle Zutaten in einer Schüssel vermengen und mit Salz und Pfeffer würzen.
3. In einer heißen Pfanne mit etwas Öl von beiden Seiten goldbraun ausbacken. Noch warm genießen.

Avocado Shake

Zeit: 10 Minuten
Schwierigkeitsgrad: Einfach

Nährwertangaben pro Person:
Kalorien: 215 kcal
Fett: 15,7 g
Eiweiß: 6,8 g
Kohlenhydrate: 10,5 g

Zutaten für 4 Personen:

- 400 ml Milch
- 200 g griechischer Joghurt
- 200 g Avocado
- Salz und Pfeffer zum Würzen

Zubereitung:

1. Die Avocado halbieren und mit einem Löffel das Fruchtfleisch entfernen.
2. Alle Zutaten in einen Mixer geben und auf höchster Stufe für 3 Minuten mischen.
3. Mit Salz und Pfeffer abschmecken und auf vier Gläser aufteilen.

Partybrötchen

Zeit: 30 Minuten
Schwierigkeitsgrad: Einfach

Nährwertangaben pro Person:
Kalorien: 193 kcal
Fett: 11,3 g
Eiweiß: 19,3 g
Kohlenhydrate: 3,2 g

Zutaten für 4 Personen:

- 150 g Mandelmehl
- 50 g Kokosmehl
- 20 g Sesam
- 20 g Mohn
- 5 Eier
- 1 TL Backpulver
- 1 Prise Salz

Zubereitung:

1. Alle Zutaten bis auf Mohn und Sesam in einer Schüssel zu einem Teig verarbeiten.
2. Ein Blech mit Backpapier auslegen und den Teig darauf zu Brötchen formen. Mohn und Sesam vermischen und auf die Brötchen streuen.
3. Bei 180° für 25 Minuten backen und nach Wunsch belegen.

Grüne Rühreier

Zeit: 15 Minuten
Schwierigkeitsgrad: Einfach

Nährwertangaben pro Person:
Kalorien: 205 kcal
Fett: 13,3 g
Eiweiß: 17,4 g
Kohlenhydrate: 1,5 g

Zutaten für 4 Personen:

- 8 Eier
- 100 g Spinat
- 25 g Bärlauch
- Salz und Pfeffer zum Würzen

Zubereitung:

1. Bärlauch und Spinat waschen und mit einem Küchentuch oder einer Salatschleuder trocknen. Zusammen in einen Mixer geben.
2. Die Eier aufschlagen und ebenfalls in den Mixer geben. Alles auf höchster Stufe für etwa 3 Minuten zu einer gleichmäßigen Masse pürieren. Nach Belieben mit Salz und Pfeffer würzen.
3. Eine Pfanne mit etwas Öl auf dem Herd erhitzen und das Rührei darin stocken lassen. Mit Hilfe eines Pfannenwenders in mundgerechte Stücke zerkleinern.
4. Auf vier Teller aufteilen und noch warm genießen.

Low Carb Brötchen mit Eiersalat

Zeit: 10 Minuten
Schwierigkeitsgrad: Einfach

Nährwertangaben pro Person:
Kalorien: 515 kcal
Fett: 45 g
Eiweiß: 18,4 g
Kohlenhydrate: 4,3 g

Zutaten für 4 Personen:

- 4 Low Carb Brötchen
- 4 hartgekochte Eier
- 100 g Mayonnaise
- 2 TL frischer Schnittlauch
- Salz und Pfeffer zum Würzen

Zubereitung:

1. Die hartgekochten Eier pellen und fein würfeln.
2. Mit der Mayonnaise und dem Schnittlauch vermengen. Nach Belieben mit einer Prise Salz und Pfeffer würzen. Alternativ eignet sich auch Curry für eine exotische Note.
3. Die Brötchen halbieren. Den Eiersalat jeweils auf einer Hälfte verstreichen, mit der anderen abdecken und sofort servieren.

Fruchtiger Hüttenkäse

Zeit: 5 Minuten
Schwierigkeitsgrad: Einfach

Nährwertangaben pro Person:
Kalorien: 25,9 kcal
Fett: 6,7 g
Eiweiß: 19,7 g
Kohlenhydrate: 8,2 g

Zutaten für 4 Personen:

- 600 g Hüttenkäse
- 200 g Brombeeren
- 100 g Blaubeeren
- Abrieb einer Limette

Zubereitung:

1. Die Beeren sowie den Abrieb einer Limette mit einem Löffel unter den Hüttenkäse mischen.
2. Auf vier Portionen aufteilen und sofort servieren.

Salatwraps

Zeit: 10 Minuten
Schwierigkeitsgrad: Einfach

Nährwertangaben pro Person:
Kalorien: 84 kcal
Fett: 6,1 g
Eiweiß: 5,7 g
Kohlenhydrate: 1,2 g

Zutaten für 4 Personen:

- 8 Salatblätter
- 100 g Kräuterfrischkäse
- 4 Radieschen

Zubereitung:

1. Die Radieschen waschen und sehr fein würfeln. Im Anschluss mit dem Kräuterfrischkäse vermengen.
2. Die Füllung gleichmäßig auf die Salatblätter aufteilen und verstreichen. Die Salatblätter aufrollen und je zwei pro Person servieren.

Artischokenfrittata

Zeit: 20 Minuten
Schwierigkeitsgrad: Einfach

Nährwertangaben pro Person:
Kalorien: 247 kcal
Fett: 15,8 g
Eiweiß: 19,1 g
Kohlenhydrate: 5,6 g

Zutaten für 4 Personen:

- 6 Eier
- 1 Dose Artischockenherzen
- 100 g geriebener Käse
- 4 EL Milch
- Salz und Pfeffer zum Würzen

Zubereitung:

1. Die Eier aufschlagen und gemeinsam mit der Milch sowie einer Prise Salz und Pfeffer verquirlen. Diese Mischung mit dem geriebenen Käse vermengen.
2. Die Artischockenherzen abtropfen lassen und mit etwas Öl in einer heißen Pfanne für etwa 2 Minuten anbraten.
3. Die Eimasse hinzugießen und alles bei mittlerer Hitze langsam stocken lassen. Danach auf vier Portionen aufteilen und noch warm servieren.

Fetapfanne mit Kresse

Zeit: 20 Minuten
Schwierigkeitsgrad: Einfach

Nährwertangaben pro Person:
Kalorien: 239 kcal
Fett: 16,7 g
Eiweiß: 18 g
Kohlenhydrate: 1,3 g

Zutaten für 4 Personen:

- 6 Eier
- 150 g gewürfelter Feta
- 1 Päckchen Kresse
- Salz und Pfeffer zum Würzen

Zubereitung:

1. Die Kresse abschneiden und mit dem Messer fein hacken.
2. Die Eier aufschlagen und verquirlen. Mit der Kresse vermengen sowie mit Salz und Pfeffer würzen.
3. Die Eimasse in einer heißen Pfanne zu Rührei verarbeiten. Zum Schluss die Fetawürfel hinzufügen und bei mittlerer Hitze für etwa 2 Minuten erwärmen.
4. Auf vier Portionen aufteilen und noch warm servieren.

Sojaflocken mit Kakao

Zeit: 5 Minuten
Schwierigkeitsgrad: Einfach

Nährwertangaben pro Person:
Kalorien: 478 kcal
Fett: 27 g
Eiweiß: 45,5 g
Kohlenhydrate: 9,8 g

Zutaten für 4 Personen:

- 400 g Sojaflocken
- 40 g Kakaopulver
- 400 ml Milch

Zubereitung:

1. Sojaflocken und Milch auf vier Müslischüsseln aufteilen.
2. Mit dem Kakaopulver bestreuen und servieren.

Vegane Frühstücksrezepte

Grüner Smoothie mit Oliven

Zeit: 10 Minuten
Schwierigkeitsgrad: Einfach

<u>Nährwertangaben pro Person:</u>
Kalorien: 62 kcal
Fett: 4,1 g
Eiweiß: 3,5 g
Kohlenhydrate: 2 g

<u>Zutaten für 4 Personen:</u>

- 400 ml Wasser
- 200 g Spinat
- 200 g Grünkohl
- 100 g grüne Oliven

Zubereitung:

1. Alle Zutaten in den Mixer geben und auf höchster Stufe pürieren.
2. Auf vier Gläser verteilen und sofort genießen.

Tofurührei

Zeit: 20 Minuten
Schwierigkeitsgrad: Einfach

Nährwertangaben pro Person:
Kalorien: 89 kcal
Fett: 6,5 g
Eiweiß: 8,5 g
Kohlenhydrate: 3 g

Zutaten für 4 Personen:

- 400 g Tofu
- 200 g grüne Paprika
- 3 Frühlingszwiebeln
- Salz und Pfeffer

Zubereitung:

1. Die Frühlingszwiebeln in feine Ringe schneiden. Danach die Paprika ebenfalls fein würfeln.
2. Den Tofu mit einer Gabel zerbröseln. Alle Zutaten in einer Pfanne für 10 bis 15 Minuten anbraten. Sobald die Paprika die gewünschte Konsistenz besitzt, kann das Tofurührei serviert werden.

Schokoeiweißdrink mit Minze

Zeit: 10 Minuten
Schwierigkeitsgrad: Einfach

Nährwertangaben pro Person:
Kalorien: 155 kcal
Fett: 5 g
Eiweiß: 21 g
Kohlenhydrate: 4,3 g

Zutaten für 4 Personen:

- 800 ml ungesüßte Mandelmilch
- 100 g veganes Eiweißpulver mit Schokoladengeschmack
- 30 g frische Minzblätter

Zubereitung:

1. Ein paar der Minzblätter als Dekoration beiseitelegen. Die übrigen Zutaten im Mixer zu einem cremigen Shake verarbeiten.
2. Auf vier Gläser verteilen und mit der restlichen Minze dekorieren.

Mandelmilch mit Himbeeren

Zeit: 5 Minuten
Schwierigkeitsgrad: Einfach

Nährwertangaben pro Person:
Kalorien: 150 kcal
Fett: 7,5 g
Eiweiß: 14,2 g
Kohlenhydrate: 5,5 g

Zutaten für 4 Personen:

- 600 ml ungesüßte Mandelmilch
- 200 g Himbeeren
- 50 g Eiweißpulver mit Vanillegeschmack
- 50 g Chiasamen

Zubereitung:

1. Alle Zutaten in einen Mixer geben und auf höchster Stufe für 3 Minuten zu einem Frühstücksshake mixen.
2. Auf vier Gläser aufteilen und sofort servieren.

Sojaflocken mit Zimt

Zeit: 5 Minuten
Schwierigkeitsgrad: Einfach

Nährwertangaben pro Person:
Kalorien: 427 kcal
Fett: 23 g
Eiweiß: 41,2 g
Kohlenhydrate: 10 g

Zutaten für 4 Personen:

- 400 g Sojaflocken
- 400 ml Mandelmilch
- 4 Prisen Zimt

Zubereitung:

1. Alle Zutaten auf vier Müslischüsseln aufteilen und sofort servieren.

Tofubrei

Zeit: 10 Minuten
Schwierigkeitsgrad: Einfach

<u>Nährwertangaben pro Person:</u>
Kalorien: 121 kcal
Fett: 6,5 g
Eiweiß: 8,8 g
Kohlenhydrate: 6,2 g

<u>Zutaten für 4 Personen:</u>

- 400 g Tofu
- 400 ml ungesüßte Mandelmilch
- 100 g Apfelmus

Zubereitung:

1. Zuerst den Tofu in Würfel schneiden.
2. In einem Mixer die Mandelmilch und das Apfelmus mischen.
3. Nacheinander die Tofuwürfel hinzufügen bis ein Brei entsteht. Diesen im Anschluss auf vier Schüsseln aufteilen und sofort servieren.

Grüner Tee mit Mandelmilch

Zeit: 10 Minuten
Schwierigkeitsgrad: Einfach

Nährwertangaben pro Person:
Kalorien: 103 kcal
Fett: 3 g
Eiweiß: 12,3 g
Kohlenhydrate: 6,8 g

Zutaten für 4 Personen:

- 500 ml grüner Tee
- 500 ml Mandelmilch
- 50 g veganes Eiweißpulver

Zubereitung:

1. Den grünen Tee nach Anweisung kochen und etwas abkühlen lassen.
2. Im Anschluss die Mandelmilch mit dem Eiweißpulver in einem Mixer mischen. Langsam den grünen Tee hinzufügen.
3. Auf vier Gläser aufteilen und servieren.

Tofu mit buntem Paprika

Zeit: 20 Minuten
Schwierigkeitsgrad: Einfach

Nährwertangaben pro Person:
Kalorien: 88 kcal
Fett: 4,8 g
Eiweiß: 8,4 g
Kohlenhydrate: 2,8 g

Zutaten für 4 Personen:

- 400 g Tofu
- 1 grüne Paprika
- 1 rote Paprika
- Salz und Pfeffer zum Würzen

Zubereitung:

1. Die Paprikas fein würfeln und in einer Pfanne anbraten.
2. Den Tofu in vier gleich große Scheiben schneiden. Sobald die Paprikastücke weich sind, die Tofuscheiben in die Pfanne geben und mit Salz und Pfeffer würzen.
3. Von beiden Seiten erwärmen und auf vier Teller verteilen. Noch warm servieren.

Veganes Low Carb Müsli mit Nüssen

Zeit: 10 Minuten
Schwierigkeitsgrad: Einfach

Nährwertangaben pro Person:
Kalorien: 680 kcal
Fett: 46,5 g
Eiweiß: 52,5 g
Kohlenhydrate: 8,8 g

Zutaten für 4 Personen:

- 400 g Sojaflocken
- 100 g ungesalzene Pistazien
- 100 g ungesalzene Erdnüsse

Zubereitung:

1. Die Nüsse bei Bedarf schälen und mit einem scharfen Messer fein hacken.
2. Mit den Sojaflocken mischen und nach Bedarf mit Früchten oder Kokosnussmilch verfeinern.

Vanillemilch mit Passionsfrucht

Zeit: 10 Minuten
Schwierigkeitsgrad: Einfach

Nährwertangaben pro Person:
Kalorien: 117 kcal
Fett: 3 g
Eiweiß: 12,2 g
Kohlenhydrate: 10,3 g

Zutaten für 4 Personen:

- 400 ml ungesüßte Mandelmilch
- 200 g Passionsfrucht
- 50 g veganes Eiweißpulver mit Vanillegeschmack
- 1 Vanilleschote

Zubereitung:

1. Die Vanilleschote halbieren und das Mark entfernen. Zusammen mit dem Eiweißpulver und der Mandelmilch vermischen.
2. Auf vier Gläser verteilen und die Passionsfrucht mit einem Löffel in die Gläser geben. Entweder sofort servieren oder im Kühlschrank lagern.

Frühstücksrezepte für Zuhause

Spinat-Frittata mit Mozzarella

Zeit: 20 Minuten
Schwierigkeitsgrad: Einfach

Nährwertangaben pro Person:
Kalorien: 235 kcal
Fett: 16,1 g
Eiweiß: 18,1 g
Kohlenhydrate: 1,6 g

Zutaten für 4 Personen:

- 6 Eier
- 100 g Spinat
- 1 Kugel Mozzarella
- 4 EL Milch
- 1 Prise Muskatnuss
- Salz und Pfeffer zum Würzen

Zubereitung:

1. Die Eier aufschlagen und in einer Schüssel gemeinsam mit der Milch sowie jeweils einer Prise Muskatnuss, Salz und Pfeffer verquirlen.
2. Den Mozzarella in einem Sieb abtropfen lassen und in Scheiben schneiden.
3. Den Spinat in einer ofenfesten Pfanne kurz anbraten. Die Eimasse darüber gießen und mit dem Mozzarella belegen. Anschließend in

dem auf 175° vorgeheizten Ofen stocken lassen.
4. Auf vier Portionen verteilen und noch warm servieren.

Omelett mit Frühlingszwiebeln und grünem Spargel

Zeit: 20 Minuten
Schwierigkeitsgrad: Einfach

Nährwertangaben pro Person:
Kalorien: 191 kcal
Fett: 12,6 g
Eiweiß: 15,4 g
Kohlenhydrate: 2,7 g

Zutaten für 4 Personen:
- 8 Eier
- 6 Stangen grünen Spargel
- 4 Frühlingszwiebeln
- Salz und Pfeffer zum Würzen

Zubereitung:
1. Den Spargel und die Frühlingszwiebeln in feine Ringe schneiden. In einer heißen Pfanne für etwa 2 - 3 Minuten anbraten.
2. In der Zwischenzeit die Eier aufschlagen und mit Salz und Pfeffer verquirlen.
3. Die Eier in die Pfanne geben und bei mittlerer Hitze langsam stocken lassen. Im Anschluss auf vier Portionen aufteilen und noch warm genießen.

Frühstückspizza

Zeit: 20 Minuten
Schwierigkeitsgrad: Einfach

Nährwertangaben pro Person:
Kalorien: 383 kcal
Fett: 27,2 g
Eiweiß: 26,6 g
Kohlenhydrate: 2 g

Zutaten für 4 Personen:

- 8 Eier
- 100 g hauchdünne Salamischeiben
- 100 g Käsewürfel
- 50 ml Tomatensauce
- Oregano
- Salz und Pfeffer zum Würzen

Zubereitung:

1. Die Salamischeiben in einer heißen Pfanne auslegen. Die Eier als Spiegeleier aufschlagen.
2. Die Eier etwas stocken lassen und die Käsewürfel sowie die Tomatensauce auf der Oberfläche verteilen.
3. Mit einem Deckel abdecken und so lange bei mittlerer Hitze anbraten, bis der Käse anfängt zu schmelzen. Bei großen Käsewürfeln diese zuvor nochmals mit einem Messer vierteln.
4. Auf vier Portionen aufteilen und noch warm servieren.

Frühstücksburger

Zeit: 30 Minuten
Schwierigkeitsgrad: Einfach

Nährwertangaben pro Person:
Kalorien: 350 kcal
Fett: 22,8 g
Eiweiß: 27,2 g
Kohlenhydrate: 2,2 g

Zutaten für 4 Personen:

- 8 Eier
- 250 g Hackfleisch
- 1 Tomate
- 1 kleine Zwiebel
- Salz und Pfeffer zum Würzen

Zubereitung:

1. Die Eier einzeln in runden Ausstechformen aus Metall aufschlagen und anbraten. Dafür das Eigelb mit einer Gabel einstechen, so dass eine glatte Oberfläche entsteht. Die acht Eier jeweils zu zweit auf vier Tellern anrichten.
2. Die Zwiebel schälen und in feine Würfel schneiden. Diese mit dem Hack sowie eine Prise Salz und Pfeffer mischen. Die Hackmasse dann ebenfalls mit den Ringen zu vier Frikadellen formen und von beiden Seiten durchbraten.
3. Die Tomate in Scheiben schneiden und gemeinsam mit den Frikadellen und Eiern zu einem Burger formen. Nach Belieben mit Saucen oder Gewürzgurken garnieren.

Erdbeermuffins

Zeit: 30 Minuten
Schwierigkeitsgrad: Einfach

Nährwertangaben pro Person:
Kalorien: 565 kcal
Fett: 43,6 g
Eiweiß: 32,5 g
Kohlenhydrate: 6,6 g

Zutaten für 4 Personen:

- 200 g Mandelmehl
- 150 g Erdbeeren
- 150 g Frischkäse
- 100 g Butter
- 50 g gemahlene Mandeln
- 1 Ei
- 2 EL Zuckerersatz wie Stevia
- 2 TL Backpulver

Zubereitung:

1. Die Erdbeeren waschen, trocknen und in kleine Würfel schneiden.
2. Alle übrigen Zutaten in einer Schüssel zu einem glatten Teig verarbeiten. Zum Schluss die Erdbeerstücke vorsichtig mit einem Löffel unter den Teig heben, so dass möglichst wenig Saft ausläuft.
3. Den Teig auf acht Muffinförmchen verteilen und für 25 Minuten in dem auf 175° vorgeheizten Ofen backen.

Kräuteromelett mit gehobeltem Parmesan

Zeit: 20 Minuten
Schwierigkeitsgrad: Einfach

Nährwertangaben pro Person:
Kalorien: 250 kcal
Fett: 16,5 g
Eiweiß: 20 g
Kohlenhydrate: 3,6 g

Zutaten für 4 Personen:

- 8 Eier
- 1 TK Kräutermischung nach Wahl
- 50 g gehobelter Parmesan

Zubereitung:

1. Die Eier aufschlagen und mit den Kräutern verquirlen.
2. Die Masse in eine heiße Pfanne geben und langsam stocken lassen. Wenn die Ränder zu stocken beginnen, den gehobelten Parmesan auf der Oberfläche verteilen.
3. Nach der Garzeit das Omelett in vier Stücke schneiden und noch warm genießen.

Nürnberger Bratwurstpfanne

Zeit: 20 Minuten
Schwierigkeitsgrad: Einfach

Nährwertangaben pro Person:
Kalorien: 165 kcal
Fett: 13,2 g
Eiweiß: 8,2 g
Kohlenhydrate: 2,1 g

Zutaten für 4 Personen:

- 12 Nürnberger Bratwürste
- 200 g Champignons
- 1 Zwiebel

Zubereitung:

1. Die Zwiebel schälen und in feine Ringe schneiden. Danach die Champignons ebenfalls in feine Streifen schneiden.
2. In der Pfanne zuerst die Zwiebeln anbraten. Im Anschluss die Bratwürste hinzufügen und gleichmäßig anbraten. Beides auf vier Teller aufteilen.
3. Nun die Champignons anbraten und über den Bratwürsten verteilen. Noch warm servieren.

Omelett mit feuriger Salsa

Zeit: 30 Minuten
Schwierigkeitsgrad: Einfach

Nährwertangaben pro Person:
Kalorien: 204 kcal
Fett: 12,8 g
Eiweiß: 15,8 g
Kohlenhydrate: 4,9 g

Zutaten für 4 Personen:

- 8 Eier
- 2 Tomaten
- ½ rote Paprika
- ½ grüne Paprika
- 1 rote Chili
- 1 Zwiebel
- Salz und Pfeffer zum Würzen

Zubereitung:

1. Alle Zutaten bis auf die Eier in feine Würfel schneiden. In einem Topf bei mittlerer Hitze zu einer sämigen Salsa einkochen lassen.
2. Die Eier aufschlagen und mit einer Prise Salz und Pfeffer würzen. In eine heiße Pfanne geben und dort langsam stocken lassen.
3. Auf vier Portionen verteilen und mit der warmen Salsa garnieren. Zeitnah servieren und noch warm genießen.

Schafskäse mit Pfirsich

Zeit: 25 Minuten
Schwierigkeitsgrad: Einfach

Nährwertangaben pro Person:
Kalorien: 515 kcal
Fett: 37,7 g
Eiweiß: 34,5 g
Kohlenhydrate: 5,8 g

Zutaten für 4 Personen:

- 800 g Schafskäse
- 4 Scheiben Parmaschinken
- 2 Pfirsiche

Zubereitung:

1. Den Schafskäse in vier gleich große Scheiben schneiden. Vier Päckchen aus Backpapier formen und den Schafskäse darin platzieren.
2. Je eine Scheibe Parmaschinken darauf legen. Die Pfirsiche in der Mitte durchschneiden und je eine Hälfte auf den Käse legen. Die Alufolie verschließen und für 20 Minuten in dem auf 175° vorgeheizten Ofen backen.
3. Mit der Alufolie auf vier Teller verteilen und noch warm servieren.

Schichtjoghurt

Zeit: 10 Minuten
Schwierigkeitsgrad: Einfach

Nährwertangaben pro Person:
Kalorien: 351 kcal
Fett: 22,4 g
Eiweiß: 24,7 g
Kohlenhydrate: 10,6 g

Zutaten für 4 Personen:

- 500 g griechischer Joghurt
- 200 g Sojaflocken
- 100 g Granatapfel

Zubereitung:

1. Den Granatapfel mit der flachen Hand über die Arbeitsfläche rollen. In der Mitte durchschneiden und mit einem Löffel auf die Rückseite klopfen. Die Kerne auf einem Teller auffangen.
2. In vier Gläsern zuerst eine Schicht Joghurt füllen. Darauf eine dünne Schicht Sojaflocken füllen. Die Hälfte der Granatapfelkerne darauf verteilen. Das Gleiche noch einmal wiederholen und sofort servieren.

Frühstücksrezepte für Unterwegs

Kokosnuss Muffins

Zeit: 30 Minuten
Schwierigkeitsgrad: Einfach

<u>Nährwertangaben pro Person:</u>
Kalorien: 462 kcal
Fett: 51 g
Eiweiß: 14,8 g
Kohlenhydrate: 6,7 g

<u>Zutaten für 4 Personen:</u>

- 200 g Kokosmehl
- 75 g Kokosraspeln
- 150 Butter
- 2 Eier
- 2 TL Backpulver
- Abrieb einer Limette

Zubereitung:

1. Alle Zutaten in eine Schüssel geben und mit einem Handrührgerät zu einem glatten Teig verarbeiten.
2. Den Teig auf acht Muffinförmchen verteilen und diese für 25 Minuten in dem auf 175° vorgeheizten Ofen backen. Die Muffins schmecken sowohl warm als auch kalt.

Erdnussbuttersandwich

Zeit: 5 Minuten
Schwierigkeitsgrad: Einfach

Nährwertangaben pro Person:
Kalorien: 408 kcal
Fett: 32,3 g
Eiweiß: 16,2 g
Kohlenhydrate: 10 g

Zutaten für 4 Personen:

- 8 Scheiben Low Carb Brot
- 100 g Erdnussbutter

Zubereitung:

1. Die Erdnussbutter auf jeweils vier Scheiben Brot verstreichen und mit den übrigen Brotscheiben abdecken.
2. In der Mitte durchschneiden und für unterwegs verpacken.

Käsespieße mit getrockneten Tomaten

Zeit: 10 Minuten
Schwierigkeitsgrad: Einfach

Nährwertangaben pro Person:
Kalorien: 232 kcal
Fett: 15,7 g
Eiweiß: 16,5 g
Kohlenhydrate: 4,5 g

Zutaten für 4 Personen:

- 100 g getrocknete Tomaten
- 75 g Emmentaler
- 75 g Gouda
- 75 g Edamer
- 25 g frische Basilikumblätter

Zubereitung:

1. Die Käsewürfel je nach Geschmack mit den getrockneten Tomaten und Basilikumblättern kombinieren und auf Spieße stecken.
2. Für unterwegs einfach in einer Lunchbox aufbewahren.

Chiabrötchen

Zeit: 30 Minuten
Schwierigkeitsgrad: Einfach

Nährwertangaben pro Person:
Kalorien: 353 kcal
Fett: 16,7 g
Eiweiß: 44,4 g
Kohlenhydrate: 4,1 g

Zutaten für 4 Personen:

- 200 g Quark
- 150 g Eiweißpulver
- 100 g Chiasamen
- 250 ml Wasser
- 2 Eier
- 2 TL Salz
- 1 Päckchen Backpulver

Zubereitung:

1. Alle Zutaten in eine Schüssel geben und zu einem glatten Teig verarbeiten.
2. Ein Backblech mit Backpapier auslegen und mit Hilfe von zwei Löffeln kleine Kugeln formen. Die Brötchen dann in dem auf 175° vorgeheizten Ofen für ca. 20 Minuten backen.
3. Die Brötchen schmecken sowohl warm als auch abgekühlt und lassen sich sehr gut bereits am Vortag vorbereiten.

Nussecken

Zeit: 60 Minuten
Schwierigkeitsgrad: Einfach

Nährwertangaben pro Person:
Kalorien: 630 kcal
Fett: 49 g
Eiweiß: 37,4 g
Kohlenhydrate: 6,5 g

Zutaten für 4 Personen:

Für den Teig:

- 125 ml Wasser
- 100 g Mandelmehl
- 100 g Quark
- 50 g Eiweißpulver
- 50 g Chiasamen
- 1 Ei
- 2 EL Zuckerersatz wie Birkenzucker
- 1 TL Backpulver
- 1 Prise Salz

Für den Belag:

- 3 EL Aprikosenmarmelade
- 100 g gemahlene Mandeln
- 100 g Mandelplättchen
- 50 g weiche Butter
- 50 ml Wasser
- 2 EL Zuckerersatz
- 1 Vanilleschote

Zubereitung:

1. Alle Zutaten für den Teig in eine Schüssel geben und dort zu einem glatten Teig verarbeiten. Diesen für etwa zehn Minuten ruhen lassen.
2. Ein Blech mit Backpapier auslegen und den Teig darauf gleichmäßig dünn verstreichen. Im Anschluss die Marmelade ebenfalls dünn auf dem Teig bis zu den Rändern verstreichen.
3. In einem Topf die Butter schmelzen. Die geschmolzene Butter mit den übrigen Zutaten vermengen und als Belag auf dem Teig verteilen.
4. Bei 175° für 25 - 30 Minuten im Ofen backen und erst nach dem Auskühlen in die bevorzugte Form schneiden.

Pizzamuffins

Zeit: Minuten
Schwierigkeitsgrad: Einfach

Nährwertangaben pro Person:
Kalorien: 744 kcal
Fett: 61 g
Eiweiß: 37,4 g
Kohlenhydrate: 6,8 g

Zutaten für 4 Personen:

- 250 g gemahlene Mandeln
- 150 g geriebenen Käse
- 150 ml Tomatensauce
- 6 Minisalamis
- 4 Eier
- 1 TL Backpulver

Zubereitung:

1. Zuerst die Minisalamis in feine Scheiben schneiden.
2. Die gemahlenen Mandeln mit Eiern, Backpulver und der Hälfte des geriebenen Käses sowie der Salamischeiben vermengen. Langsam mit einem Löffel die Hälfte der Tomatensauce mit dem Muffinteig vermengen.
3. Den fertigen Teig in Muffinförmchen füllen und im auf 175° vorgeheizten Ofen für 20 Minuten backen. Die Muffins danach mit der restlichen Sauce bestreichen sowie Käse und Salami belegen und für weitere 5 -10 Minuten fertigbacken.

Brötchen mit Bratenresten

Zeit: 5 Minuten
Schwierigkeitsgrad: Einfach

Nährwertangaben pro Person:
Kalorien: 455 kcal
Fett: 39 g
Eiweiß: 18 g
Kohlenhydrate: 3,8 g

Zutaten für 4 Personen:

- 4 Low Carb Brötchen
- 150 g Rinderbraten in Scheiben
- 2 Gewürzgurken
- 75 g Mayonnaise
- 2 TL Senf

Zubereitung:

1. Den Senf mit der Mayonnaise vermischen. Die Gewürzgurken sehr fein hacken und zur Mayonnaise hinzufügen.
2. Die Brötchen halbieren und den übrigen Braten vom Vortag jeweils auf eine Hälfte verteilen. Die Mayonnaise darauf verstreichen und mit der zweiten Brötchenhälfte bedecken.

Fenchel-Speck-Sandwich

Zeit: 15 Minuten
Schwierigkeitsgrad: Einfach

Nährwertangaben pro Person:
Kalorien: 395 kcal
Fett: 32 g
Eiweiß: 18,2 g
Kohlenhydrate: 5,8 g

Zutaten für 4 Personen:

- 8 Scheiben Low Carb Brot
- 4 Scheiben Frühstücksspeck
- 1 Knolle Fenchel
- 4 EL Creme Fraiche
- 1 Prise gemahlenen Pfeffer

Zubereitung:

1. Den Fenchel fein hobeln.
2. In einer Pfanne zuerst den Speck anbraten und diesen im Anschluss auf einem Küchenpapier abtropfen lassen. Dann den Fenchel für etwa 3 Minuten in der heißen Pfanne anbraten. Mit dem Pfeffer würzen.
3. Auf vier Brotscheiben jeweils einen Esslöffel Creme Fraiche verstreichen. Speck und Fenchel darauf aufteilen. Mit den restlichen Brot abdecken und noch warm genießen.

Sojaflockensnack

Zeit: 5 Minuten
Schwierigkeitsgrad: Einfach

Nährwertangaben pro Person:
Kalorien: 655 kcal
Fett: 42,3 g
Eiweiß: 52,6 g
Kohlenhydrate: 6 g

Zutaten für 4 Personen:

- 400 g Sojaflocken
- 100 g getrocknete Kokosnuss

Zubereitung:

1. Die Zutaten mischen und für unterwegs in einem Beutel oder einer Dose aufbewahren.
2. Der Snack eignet sich auch als ein Topping für Joghurts.

Blaubeermuffins

Zeit: 30 Minuten
Schwierigkeitsgrad: Einfach

Nährwertangaben pro Person:
Kalorien: 354 kcal
Fett: 29,8 g
Eiweiß: 14,9 g
Kohlenhydrate: 10 g

Zutaten für 4 Personen:

- 200 g Kokosnussmehl
- 200 g Blaubeeren
- 100 g Butter
- 125 ml Buttermilch
- 50 g Zuckerersatz
- 2 Eier
- 1 Vanilleschote

Zubereitung:

1. Das Mark der Vanilleschote vorsichtig mit einem Messer auslösen. Mit allen Zutaten bis auf die Heidelbeeren zu einem Teig verarbeiten.
2. Im Anschluss die Heidelbeeren mit einem Löffel vorsichtig in den Teig einarbeiten.
3. Den fertigen Teig auf Muffinförmchen aufteilen und für 25 Minuten in dem auf 175° vorgeheizten Ofen backen.

Frühstücksrezepte für Gäste

Ziegenkäseomelett mit Schnittlauch

Zeit: 20 Minuten
Schwierigkeitsgrad: Einfach

Nährwertangaben pro Person:
Kalorien: 325 kcal
Fett: 23,6 g
Eiweiß: 25,5 g
Kohlenhydrate: 1,2 g

Zutaten für 4 Personen:

- 8 Eier
- 200 g Ziegenkäse
- 2 EL Schnittlauch
- Salz und Pfeffer zum Würzen

Zubereitung:

1. Die Eier aufschlagen und verquirlen. Den Schnittlauch hinzufügen und mit Salz und Pfeffer würzen.
2. Die Eimasse zu vier Omeletts in der Pfanne ausbacken. Beim Backen der zweiten Seite jeweils 50 g gewürfelten Ziegenkäse hinzufügen und nach dem Ende der Garzeit zugeklappt servieren.

Shrimps Soufflet

Zeit: 30 Minuten
Schwierigkeitsgrad: Einfach

<u>Nährwertangaben pro Person:</u>
Kalorien: 227 kcal
Fett: 13,2 g
Eiweiß: 22,8 g
Kohlenhydrate: 2,9 g

<u>Zutaten für 4 Personen:</u>

- 8 Eier
- 150 g Shrimps
- 25 g Bärlauch
- Salz und Pfeffer zum Würzen

Zubereitung:

1. Den Bärlauch mit einem Messer fein hacken.
2. Die Eier aufschlagen und verquirlen. Den Bärlauch und die Shrimps hinzufügen. Mit Salz und Pfeffer würzen.
3. Auf Muffinformen verteilen und bei 175° für 20 Minuten stocken lassen.

Brokkoliquiche

Zeit: 70 Minuten
Schwierigkeitsgrad: Einfach

Nährwertangaben pro Person:
Kalorien: 411 kcal
Fett: 27,5 g
Eiweiß: 31,1 g
Kohlenhydrate: 6,7 g

Zutaten für 4 Personen:

- 500 g Brokkoli
- 200 g Frischkäse
- 150 g geriebenen Käse
- 4 Eier
- 1 Zwiebel
- Salz und Pfeffer zum Würzen

Zubereitung:

1. Zuerst den Brokkoli in Röschen schneiden. Dann die Zwiebel schälen und fein würfeln. Die Zwiebelwürfel danach in einer heißen Pfanne goldbraun anbraten.
2. Die Eier und den Frischkäse in einer Schüssel vermengen. Die gerösteten Zwiebeln und den Käse hinzufügen.
3. Eine ausgefettete Auflaufform zuerst mit dem Brokkoli auslegen und dann die Käsemasse darauf verteilen. Für 50 Minuten in dem auf 175° vorgeheizten Ofen backen.

Paprikarührei

Zeit: 20 Minuten
Schwierigkeitsgrad: Einfach

Nährwertangaben pro Person:
Kalorien: 203 kcal
Fett: 12,8 g
Eiweiß: 15,7 g
Kohlenhydrate: 4,6 g

Zutaten für 4 Personen:

- 8 Eier
- 1 grüne Paprika
- 1 rote Paprika
- Salz und Pfeffer zum Würzen

Zubereitung:

1. Die Enden der Paprikas großzügig entfernen. Das Fruchtfleisch danach in zwei gleich große Ringe schneiden. Die Enden danach fein würfeln.
2. Die Eier aufschlagen und verquirlen. Die Paprikawürfel hinzufügen und mit Salz und Pfeffer würzen.
3. Das Rührei in einer Pfanne mit heißem Öl anbraten. Dafür eine mittlere Temperatur wählen, damit die Paprika Zeit zum Garen hat.
4. Auf vier Tellern jeweils einen Paprikaring platzieren. Das Rührei darin aufteilen und noch warm servieren.

Gefüllte Avocado mit Lachs und Kräuterfrischkäse

Zeit: 10 Minuten
Schwierigkeitsgrad: Einfach

Nährwertangaben pro Person:
Kalorien: 315 kcal
Fett: 25,8 g
Eiweiß: 13,6 g
Kohlenhydrate: 10,5 g

Zutaten für 4 Personen:

- 2 Avocados
- 100 g Räucherlachs
- 150 g Kräuterfrischkäse

Zubereitung:

1. Die Avocados halbieren und den Kern entfernen. Das Fruchtfleisch mit einem Löffel entfernen und fein würfeln. Danach auch den Lachs würfeln.
2. Beide Zutaten mit dem Frischkäse vermengen und in die ausgehöhlten Avocados füllen. Sofort servieren oder im Kühlschrank lagern.

Eiermuffins mit Hähnchen

Zeit: 30 Minuten
Schwierigkeitsgrad: Einfach

Nährwertangaben pro Person:
Kalorien: 310 kcal
Fett: 20 g
Eiweiß: 27 g
Kohlenhydrate: 3,3 g

Zutaten für 4 Personen:

- 8 Eier
- 100 g gebratene Hühnerstreifen
- 100 g Mozzarella
- 6 Frühlingszwiebeln
- Salz und Pfeffer zum Würzen

Zubereitung:

1. Die Frühlingszwiebeln und den Mozzarella in Scheiben schneiden. Die Hühnerstreifen zudem fein würfeln.
2. Die Eier aufschlagen und verquirlen. Die Frühlingszwiebeln und die Hühnerstreifen hinzufügen und zum Schluss mit Salz und Pfeffer würzen.
3. Die Masse auf acht Muffinförmchen verteilen und für 20 Minuten in den auf 180° vorgeheizten Ofen schieben.
4. Nach zehn Minuten in jede Form jeweils eine Scheibe Mozzarella legen. Für weitere 10 Minuten backen und noch warm servieren.

Gefüllte Eier

Zeit: 20 Minuten
Schwierigkeitsgrad: Einfach

Nährwertangaben pro Person:
Kalorien: 520 kcal
Fett: 43,5 g
Eiweiß: 26 g
Kohlenhydrate: 1,9 g

Zutaten für 4 Personen:

- 8 Eier
- 200 g Thunfisch
- 150 g Mayonnaise
- 100 g Staudensellerie
- Salz und Pfeffer zum Würzen

Zubereitung:

1. Die Eier für mindestens 10 Minuten hartkochen und anschließend abkühlen lassen.
2. Für die Füllung zuerst die Staudensellerie fein würfeln. Die Würfel im Anschluss mit der Mayonnaise und dem Thunfisch mischen. Nach Belieben mit Salz und Pfeffer würzen.
3. Die Eier pellen, halbieren und das Eigelb entfernen. Mit der Thunfischcreme auffüllen und entweder sofort servieren oder im Kühlschrank aufbewahren.

Walnussbrot

Zeit: 50 Minuten
Schwierigkeitsgrad: Einfach

<u>Nährwertangaben pro Person:</u>
Kalorien: 535 kcal
Fett: 37 g
Eiweiß: 38 g
Kohlenhydrate: 6,6 g

<u>Zutaten für 4 Personen:</u>

- 300 g Mandelmehl
- 100 g gehackte Walnüsse
- 100 g Creme Fraiche
- 1 Päckchen Trockenhefe
- 1 Ei
- 1 EL Rosmarin
- 1 EL Thymian
- 1 Prise Salz

Zubereitung:

1. Mandelmehl, Ei, Salz, Trockenhefe und Creme Fraiche in einer Schüssel zu einem Teig vermengen.
2. Danach die übrigen Zutaten in den Teig einarbeiten. Für zehn Minuten zugedeckt ruhen lassen.
3. Eine Kastenform einfetten und den Teig darin glatt verstreichen. Bei 175° für 30 - 35 Minuten backen.

Zwiebelomelett

Zeit: 20 Minuten
Schwierigkeitsgrad: Einfach

Nährwertangaben pro Person:
Kalorien: 200 kcal
Fett: 12,7 g
Eiweiß: 15,2 g
Kohlenhydrate: 4,5 g

Zutaten für 4 Personen:

- 8 Eier
- 6 Frühlingszwiebeln
- 2 rote Zwiebeln
- Salz und Pfeffer zum Würzen

Zubereitung:

1. Die roten Zwiebeln fein würfeln und die Frühlingszwiebeln in Ringe schneiden.
2. Die Eier aufschlagen, verquirlen und mit den Zwiebeln mischen. Nach Belieben mit Salz und Pfeffer würzen.
3. In einer heißen Pfanne vier Omeletts ausbacken und noch warm servieren.

Harzer Rolle mit roten Zwiebeln

Zeit: 10 Minuten
Schwierigkeitsgrad: Einfach

Nährwertangaben pro Person:
Kalorien: 200 kcal
Fett: 13 g
Eiweiß: 16,4 g
Kohlenhydrate: 3 g

Zutaten für 4 Personen:

- 4 Scheiben Low Carb Brot
- 8 Harzer Rollen
- 2 rote Zwiebeln
- Öl
- Salz und Pfeffer zum Würzen

Zubereitung:

1. Die roten Zwiebeln in feine Scheiben schneiden. Diese in einer Pfanne mit etwas Öl anbraten.
2. Jeweils zwei Käse pro Teller verteilen und die warmen Zwiebeln auf die Portionen aufteilen. Jeweils mit einer Scheibe Brot servieren.

Frühstücksrezepte für besondere Gelegenheiten

Neujahrsrührei mit Lachs und Dill

Zeit: 10 Minuten
Schwierigkeitsgrad: Einfach

Nährwertangaben pro Person:
Kalorien: 250 kcal
Fett: 15,7 g
Eiweiß: 24,5 g
Kohlenhydrate: 1,6 g

Zutaten für 4 Personen:

- 8 Eier
- 200 g Räucherlachs
- 2 TL frische Dillspitzen
- Salz und Pfeffer zum Würzen

Zubereitung:

1. Die Eier aufschlagen und in einer Schüssel verquirlen. Mit den Dillspitzen sowie Salz und Pfeffer würzen.
2. In einer heißen Pfanne das Dillrührei anbraten. Auf vier Teller verteilen und mit dem Lachs garnieren.

Valentinssandwiches

Zeit: 10 Minuten
Schwierigkeitsgrad: Einfach

Nährwertangaben pro Person:
Kalorien: 339 kcal
Fett: 29 g
Eiweiß: 18 g
Kohlenhydrate: 6,2 g

Zutaten für 4 Personen:

- 8 Scheiben Low Carb Brot
- 150 g Frischkäse
- 100 g Erdbeeren
- Balsamicoessig
- Grüner Pfeffer

Zubereitung:

1. Aus den Brotscheiben mit einem Messer kleine Herzen formen. Diese mit dem Frischkäse bestreichen.
2. Die Erdbeeren in Scheiben schneiden und damit das Brot belegen. Mit grünem Pfeffer würzen und Balsamicoessig beträufeln.

Low Carb Osterlamm mit Citrusschale

Zeit: 50 Minuten
Schwierigkeitsgrad: Einfach

Nährwertangaben pro Person:
Kalorien: 820 kcal
Fett: 74 g
Eiweiß: 26 g
Kohlenhydrate: 8,6 g

Zutaten für 4 Personen:

- 150 g Kokosmehl
- 150 g gemahlene Mandeln
- 200 g Butter
- 50 g Zuckerersatz wie Xucker
- 100 ml Milch
- 5 Eier
- Abrieb einer Zitrone
- Abrieb einer Orange
- 1 Päckchen Backpulver
- 1 Vanilleschote

Zubereitung:

1. Die Butter auf dem Herd bei mittlerer Temperatur langsam zum Schmelzen bringen. Das Mark der Vanilleschote vorsichtig mit einem Messer auslösen.
2. Alle Zutaten in eine Schüssel geben und dort zu einem glatten Teig mischen.
3. Die Form eines Osterlamms mit dem Teig ausfüllen und für 40 Minuten in dem auf 180° vorgeheizten Ofen fertigbacken. Langsam auslösen und weiter verzieren oder ohne Dekoration servieren.

Vatertagsbrot mit Schwarzbier

Zeit: 60 Minuten
Schwierigkeitsgrad: Einfach

Nährwertangaben pro Person:
Kalorien: 450 kcal
Fett: 31 g
Eiweiß: 31 g
Kohlenhydrate: 7 g

Zutaten für 4 Personen:

- 200 g Quark
- 6 Eier
- 100 g Mandelmehl
- 100 g gemahlene Mandeln
- 100 ml Schwarzbier
- 1 Päckchen Backpulver
- 1 Prise Salz

Zubereitung:

1. Alle Zutaten in einer Schüssel zu einem glatten Teig vermengen.
2. Eine Backform einfetten und den Teig darin verstreichen. Für 50 Minuten im auf 170° vorgeheizten Ofen backen.

Muttertags Himbeer-Sahnequark

Zeit: 10 Minuten
Schwierigkeitsgrad: Einfach

Nährwertangaben pro Person:
Kalorien: 312 kcal
Fett: 25 g
Eiweiß: 11,4 g
Kohlenhydrate: 7,6 g

Zutaten für 4 Personen:

- 400 g Quark
- 200 g Sprühsahne
- 200 g Himbeeren

Zubereitung:

1. Quark und Sprühsahne in einer Schüssel mit einem Schneebesen vorsichtig mischen.
2. Die Himbeeren darauf verteilen und sofort servieren.

Pfingstbrötchen mit Pistazien

Zeit: 35 Minuten
Schwierigkeitsgrad: Einfach

Nährwertangaben pro Person:
Kalorien: 365 kcal
Fett: 22 g
Eiweiß: 32,5 g
Kohlenhydrate: 6,3 g

Zutaten für 4 Personen:

- 250 g Mandelmehl
- 125 g Quark
- 75 g Butter
- 75 g gehackte Pistazien
- 1 Ei

Zubereitung:

1. Alle Zutaten bis auf die Pistazien in eine Schüssel geben. Mit dem Handrührgerät zu einem glatten Teig verarbeiten.
2. Die Pistazien untermischen. Mit Hilfe von zwei Löffeln den Teig zu kleinen Brötchen formen.
3. Die Brötchen auf einem mit Backpapier ausgelegtem Blech legen und für 25 Minuten auf 200° backen.

Geburtstagswaffeln

Zeit: 25 Minuten
Schwierigkeitsgrad: Einfach

Nährwertangaben pro Person:
Kalorien: 379 kcal
Fett: 15,6 g
Eiweiß: 48,5 g
Kohlenhydrate: 8,4 g

Zutaten für 4 Personen:

- 200 g Mandelmehl
- 100 g Eiweißpulver mit Schokoladengeschmack
- 4 Eier
- 300 ml Milch
- 2 TL Kakaopulver
- 2 TL Zuckerersatz wie Stevia

Zubereitung:

1. Alle Zutaten in einer Schüssel mit dem Handrührgerät zu einem Teig verarbeiten.
2. Den Teig in einem Waffelautomat ausbacken und im Anschluss entweder warm oder kalt genießen.

Halloween Kürbispancakes

Zeit: 25 Minuten
Schwierigkeitsgrad: Einfach

Nährwertangaben pro Person:
Kalorien: 383 kcal
Fett: 20,4 g
Eiweiß: 39,1 g
Kohlenhydrate: 8 g

Zutaten für 4 Personen:

- 300 g Mandelmehl
- 100 g Kürbis
- 200 g Joghurt
- 200 ml Milch
- 4 Eier
- 1 Prise Salz

Zubereitung:

1. Den Kürbis schälen und in feine Würfel schneiden. Die Würfel mit den anderen Zutaten in einen Mixer geben und zu einem Teig verarbeiten.
2. Die Pancakes nacheinander in einer Pfanne ausbacken. Schmecken sowohl warm als auch kalt.

Weihnachtsbrot mit Lebkuchengewürz

Zeit: 40 Minuten
Schwierigkeitsgrad: Einfach

<u>Nährwertangaben pro Person:</u>
Kalorien: 655 kcal
Fett: 47 g
Eiweiß: 52 g
Kohlenhydrate: 10,8 g

<u>Zutaten für 4 Personen:</u>

- 200 g Mandelmehl
- 200 g gemahlene Mandeln
- 6 Eier
- 200 ml Milch
- 2 EL Zuckerersatz
- 2 EL Lebkuchengewürz
- 2 EL Kakaopulver

Zubereitung:

1. Alle Zutaten in eine Schüssel geben und zu einem glatten Teig verarbeiten.
2. Eine Backform ausfetten und den Teig darin verstreichen. Für 35 Minuten in dem auf 180° vorgeheizten Ofen backen. Langsam aus der Form lösen und für etwa 30 Minuten abkühlen lassen.

Silvester-Energydrink

Zeit: 10 Minuten
Schwierigkeitsgrad: Einfach

Nährwertangaben pro Person:
Kalorien: 158 kcal
Fett: 11,1 g
Eiweiß: 7,3 g
Kohlenhydrate: 8,5 g

Zutaten für 4 Personen:

- 400 g türkischer Joghurt
- 300 g Papaya
- 300 ml Buttermilch

Zubereitung:

1. Das Fruchtfleisch der Papaya grob würfeln und zusammen mit den übrigen Zutaten im Mixer auf höchster Stufe pürieren.
2. Auf vier Gläser verteilen und sofort servieren oder im Kühlschrank lagern.

Frühstücksrezepte für die Arbeit

Gefüllte Schinkenröllchen

Zeit: 10 Minuten
Schwierigkeitsgrad: Einfach

Nährwertangaben pro Person:
Kalorien: 156 kcal
Fett: 8,4 g
Eiweiß: 16,6 g
Kohlenhydrate: 2,8 g

Zutaten für 4 Personen:

- 8 Scheiben gekochten Schinken
- 100 g Kräuterfrischkäse
- 100 g Hüttenkäse
- 4 Stangen Sellerie

Zubereitung:

1. Die Enden der Selleriestangen entfernen und den Rest halbieren.
2. Frischkäse und Hüttenkäse miteinander vermengen. Die Mischung auf den Schinkenscheiben dünn verstreichen. Eine Selleriestange auf dem Käse platzieren und alles vorsichtig einrollen. Mit der Naht nach unten legen, so dass die Rolle nicht aufgeht.

Truthahnsandwich mit Rucola

Zeit: 10 Minuten
Schwierigkeitsgrad: Einfach

Nährwertangaben pro Person:
Kalorien: 510 kcal
Fett: 43 g
Eiweiß: 22 g
Kohlenhydrate: 5 g

Zutaten für 4 Personen:

- 8 Scheiben Low Carb Brot
- 8 Scheiben Truthahnaufschnitt
- 100 g Salatmayonnaise
- 60 g Rucola
- 1 Tomate

Zubereitung:

1. Auf allen acht Scheiben Brot eine dünne Schicht Mayonnaise verteilen. Auf vier Scheiben zuerst Rucola und dann geschnittene Tomaten legen.
2. Den Truthahnaufschnitt darauf verteilen und mit der zweiten Brothälfte abdecken. Lässt sich sehr gut auf dem Weg oder während der Arbeit verspeisen.

Käsebrötchen Deluxe

Zeit: 10 Minuten
Schwierigkeitsgrad: Einfach

Nährwertangaben pro Person:
Kalorien: 403 kcal
Fett: 23 g
Eiweiß: 18,2 g
Kohlenhydrate: 4,1 g

Zutaten für 4 Personen:

- 4 Low Carb Brötchen
- 150 g Camembert
- 100 g Radicchio
- 20 g Butter

Zubereitung:

1. Die Brötchen halbieren und beide Hälften dünn mit Butter bestreichen. Auf alle Hälften jeweils ein Salatblatt legen.
2. Den Camembert in dünne Scheiben schneiden. Vier Hälften damit belegen und mit den restlichen zuklappen.

Hüttenkäsemuffins mit Speck

Zeit: 40 Minuten
Schwierigkeitsgrad: Einfach

Nährwertangaben pro Person:
Kalorien: 310 kcal
Fett: 14 g
Eiweiß: 38 g
Kohlenhydrate: 4,5 g
Zutaten für 4 Personen:

- 250 g Hüttenkäse
- 200 g Mandelmehl
- 100 g Zucchini
- 75 g Speckwürfel
- 1 TL Backpulver
- 3 Eier
- Salz und Pfeffer

Zubereitung:

1. Die Zucchini in ähnlich große Stücke wie den Speck schneiden.
2. Alle Zutaten bis auf Speck und Zucchini miteinander vermengen. Erst danach die übrigen Zutaten unterheben.
3. Auf Muffinformen verteilen und bei 180° für 30 Minuten im Ofen backen.

Kokosmehlwaffeln

Zeit: 20 Minuten
Schwierigkeitsgrad: Einfach

Nährwertangaben pro Person:
Kalorien: 250 kcal
Fett: 13,2 g
Eiweiß: 17,5 g
Kohlenhydrate: 10 g

Zutaten für 4 Personen:

- 100 g Kokosmehl
- 100 ml Milch
- 6 Eier
- 2 EL Zuckerersatz wie Stevia
- 1 Päckchen Backpulver

Zubereitung:

1. Alle Zutaten in einer Schüssel mit einem Handrührgerät zu einem Teig verarbeiten.
2. Im Waffelautomaten nacheinander ausbacken. Die Waffeln schmecken sowohl warm als auch kalt.

Gefüllte Chiabällchen

Zeit: 35 Minuten
Schwierigkeitsgrad: Einfach

Nährwertangaben pro Person:
Kalorien: 383 kcal
Fett: 25,3 g
Eiweiß: 32,1 g
Kohlenhydrate: 3,9 g

Zutaten für 4 Personen:

- 100 g Chiasamen
- 100 g Mandelmehl
- 75 g Quark
- 50 g Frischkäse
- 8 Käsewürfel
- 4 Eier
- 1 Päckchen Backpulver
- 1 Prise Salz

Zubereitung:

1. Alle Zutaten bis auf die Käsewürfel mit einem Handrührgerät zu einem Teig verarbeiten.
2. Zu acht Kugeln formen. In der Mitte eine Mulde entstehen lassen, einen Käsewürfel hineingeben und den Teig schließen.
3. Bei 200° für 30 Minuten im Ofen backen.

Walnuss-Scones

Zeit: 25 Minuten
Schwierigkeitsgrad: Einfach

Nährwertangaben pro Person:
Kalorien: 510 kcal
Fett: 36,8 g
Eiweiß: 33,2 g
Kohlenhydrate: 7,4 g

Zutaten für 4 Personen:

- 250 g Mandelmehl
- 100 g gehackte Walnüsse
- 50 g Butter
- 100 ml Milch
- 2 Eier
- 1 TL Backpulver

Zubereitung:

1. Alle Zutaten bis auf die Walnüsse in einer Schüssel zu einem Teig vermengen. Die Nüsse danach mit einem Küchenlöffel unterheben.
2. Ein Backblech mit Backpapier auslegen und den Teig gleichmäßig darauf verstreichen. Für 20 Minuten bei 200° im Ofen backen. Die Scones danach in kleine Quadrate schneiden und abkühlen lassen.

Frühstücksriegel

Zeit: 30 Minuten
Schwierigkeitsgrad: Einfach

Nährwertangaben pro Person:
Kalorien: 450 kcal
Fett: 29 g
Eiweiß: 35 g
Kohlenhydrate: 9 g

Zutaten für 4 Personen:

- 200 g Mandelmehl
- 75 g Sonnenblumenkerne
- 75 g Kürbiskerne
- 200 ml Milch
- 2 Eier
- 1 Vanilleschote

Zubereitung:

1. Die Vanilleschote mit einem Messer auskratzen. Das Mark gemeinsam mit Milch, Eiern und Mehl zu einem Teig verarbeiten. Mit einem Löffel vorsichtig die zwei Sorten Kerne unterheben.
2. Ein Blech mit Backpapier auslegen und den Teig darauf gleichmäßig verstreichen. Bei 180° für 20 Minuten backen.
3. Danach auskühlen lassen und im Anschluss die Riegel in die gewünschte Form schneiden.

Low Carb Brötchen mit Parmaschinken

Zeit: 5 Minuten
Schwierigkeitsgrad: Einfach

Nährwertangaben pro Person:
Kalorien: 401 kcal
Fett: 30,4 g
Eiweiß: 25,4 g
Kohlenhydrate: 3,5 g

Zutaten für 4 Personen:

- 4 Low Carb Brötchen
- 8 Scheiben Parmaschinken
- 100 g Mozzarella
- 20 g Butter

Zubereitung:

1. Die Brötchen halbieren und jede Hälfte mit Butter bestreichen. Vier Hälften mit je zwei Scheiben Parmaschinken belegen.
2. Den Mozzarella dünn aufschneiden und ebenfalls auf den Parmaschinken legen. Mit der zweiten Hälfte zudecken und für die Arbeit einpacken.

Knabbermix

Zeit: 5 Minuten
Schwierigkeitsgrad: Einfach

Nährwertangaben pro Person:
Kalorien: 600 kcal
Fett: 52,5 g
Eiweiß: 22 g
Kohlenhydrate: 9 g

Zutaten für 4 Personen:

- 100 g Erdnüsse
- 100 g Kürbiskerne
- 100 g Walnüsse
- 100 g Mandeln

Zubereitung:

1. Die Nüsse gut vermischen und in eine Tüte oder eine Box geben.
2. Selbst wenn wenig Zeit für eine ganze Mahlzeit ist, kann durch den Knabbermix die Energiereserven aufgeladen werden.

Internationale Frühstücksrezepte

Italienische Frittata

Zeit: 30 Minuten
Schwierigkeitsgrad: Einfach

Nährwertangaben pro Person:
Kalorien: 325 kcal
Fett: 20,4 g
Eiweiß: 30,7 g
Kohlenhydrate: 2,5 g

Zutaten für 4 Personen:

- 8 Eier
- 100 g Speck
- 100 g geriebenen Parmesan
- 100 g Spinat
- 1 Prise Pfeffer

Zubereitung:

1. Den Spinat grob mit einem Messer zerkleinern.
2. Die Eier aufschlagen und verquirlen. Mit einer Prise Pfeffer würzen und die restlichen Zutaten hinzufügen.
3. In eine Auflaufform geben und bei 180° für 20 - 25 Minuten backen. Auf vier Portionen aufteilen und noch warm servieren.

Amerikanische Eier und Speck

Zeit: 15 Minuten
Schwierigkeitsgrad: Einfach

Nährwertangaben pro Person:
Kalorien: 370 kcal
Fett: 26,5 g
Eiweiß: 27,5 g
Kohlenhydrate: 1,9 g

Zutaten für 4 Personen:

- 8 Eier
- 8 Scheiben Frühstücksspeck
- Frischgemahlener schwarzer Pfeffer

Zubereitung:

1. Den Frühstücksspeck in einer Pfanne knusprig anbraten. Danach auf einem Küchenpapier abtropfen lassen.
2. Die Eier aufschlagen, verquirlen und mit einer Prise schwarzem Pfeffer würzen. Im Fett des Specks anbraten.
3. Auf vier Portionen aufteilen und sofort servieren.

Kanadische Pekanusspancakes

Zeit: 15 Minuten
Schwierigkeitsgrad: Einfach

<u>Nährwertangaben pro Person:</u>
Kalorien: 500 kcal
Fett: 32,4 g
Eiweiß: 46 g
Kohlenhydrate: 10 g

<u>Zutaten für 4 Personen:</u>

- 200 g Mandelmehl
- 100 g gehackte Pekannüsse
- 75 g Eiweißpulver mit Vanille
- 200 ml Milch
- 4 Eier
- 1 TL Backpulver

Zubereitung:

1. Alle Zutaten bis auf die Pekannüsse in einer Schüssel zu einem Teig vermengen. Die Nüsse dann mit einem Löffel unterheben.
2. Die Pancakes in einer heißen Pfanne nacheinander ausbacken.

Englische Eier mit Cheddar und Würstchen

Zeit: 20 Minuten
Schwierigkeitsgrad: Einfach

Nährwertangaben pro Person:
Kalorien: 378 kcal
Fett: 29,2 g
Eiweiß: 25 g
Kohlenhydrate: 1,8 g

Zutaten für 4 Personen:

- 8 Eier
- 8 Würstchen
- 100 g geriebenen Cheddar
- Salz und Pfeffer zum Würzen

Zubereitung:

1. Die Würstchen anbraten und bereits auf vier Teller verteilen.
2. Die Eier aufschlagen, verquirlen und den geriebenen Cheddar unterheben. Mit Salz und Pfeffer würzen.
3. Die Eier in der Pfanne als Rührei anbraten. Auf die Teller verteilen und noch warm servieren.

Gefüllte Trüffeleier

Zeit: 20 Minuten
Schwierigkeitsgrad: Einfach

Nährwertangaben pro Person:
Kalorien: 374 kcal
Fett: 31,3 g
Eiweiß: 15,4 g
Kohlenhydrate: 1,7 g

Zutaten für 4 Personen:

- 8 hartgekochte Eier
- 100 g Mayonnaise
- 20 g Trüffel

Zubereitung:

1. Die Eier für mindestens 10 Minuten hartkochen. Danach die Eier abkühlen lassen.
2. Die Eier halbieren und das Eigelb entfernen. Eigelb und Mayonnaise vermengen und wieder in die leeren Eier füllen.
3. Auf jede Eihälfte etwas Trüffel hobeln und sofort servieren.

Italienischer Ricotta

Zeit: 10 Minuten
Schwierigkeitsgrad: Einfach

Nährwertangaben pro Person:
Kalorien: 390 kcal
Fett: 30,7 g
Eiweiß: 14,8 g
Kohlenhydrate: 10,4 g

Zutaten für 4 Personen:

- 400 g Ricotta
- 100 g Pistazien
- 100 g Brombeeren

Zubereitung:

1. Die Pistazien hacken und mit dem Ricotta vermengen. In vier Gläser füllen.
2. Die Brombeeren pürieren. Das Fruchtmus über dem Ricotta verteilen und sofort servieren oder kühlen.

Griechischer Joghurt

Zeit: 10 Minuten
Schwierigkeitsgrad: Einfach

Nährwertangaben pro Person:
Kalorien: 194 kcal
Fett: 14,1 g
Eiweiß: 5,4 g
Kohlenhydrate: 10 g

Zutaten für 4 Personen:

- 600 g griechischer Joghurt
- 200 g Aprikosen

Zubereitung:

1. Die Aprikosen halbieren und würfeln. Mit dem Joghurt vermengen.
2. Auf vier Portionen aufteilen und sofort servieren oder kühlen.

Chinesische Frühstückssuppe

Zeit: 30 Minuten
Schwierigkeitsgrad: Einfach

Nährwertangaben pro Person:
Kalorien: 39 kcal
Fett: 0,7 g
Eiweiß: 6,8 g
Kohlenhydrate: 1,5 g

Zutaten für 4 Personen:

- 750 ml Wasser
- 200 g Chinakohl
- 100 Shrimps
- 100 g Champignons
- Gemüsebrühe

Zubereitung:

1. Den Chinakohl in Streifen schneiden und kurz in etwas Öl anbraten. Mit dem Wasser ablöschen und Shrimps sowie 2 EL Gemüsebrühe hinzufügen. Nach dem Aufkochen für 20 Minuten bei mittlerer Hitze köcheln lassen.
2. Die Champignons in dünne Scheiben schneiden. Zehn Minuten vor Ende der Garzeit ebenfalls zur Suppe hinzufügen. Auf vier Schüsseln aufteilen und noch warm servieren.

Mexikanische Frühstücksburrito

Zeit: 25 Minuten
Schwierigkeitsgrad: Einfach

Nährwertangaben pro Person:
Kalorien: 150 kcal
Fett: 7,7 g
Eiweiß: 16,5 g
Kohlenhydrate: 3 g

Zutaten für 4 Personen:

- 8 Scheiben gekochten Schinken
- 4 Eier
- 100 g Zucchini
- 100 g gelbe Paprika
- 100 g Spinat
- Salz und Pfeffer zum Würzen

Zubereitung:

1. Zucchini und Paprika fein würfeln. Den Spinat hacken und alles in einer Pfanne mit etwas Öl anbraten.
2. In der Zwischenzeit die Eier aufschlagen und mit etwas Salz und Pfeffer verquirlen. Die Eier dann über das Gemüse geben. Etwas stocken lassen und dann mit einem Pfannenwender so lange umrühren bis alles gegart ist.
3. Die Füllung auf die Schinkenscheiben verteilen, zusammenrollen und diese noch einmal in der Pfanne von allen Seiten anbraten.
4. Jeweils zwei Burritos auf einen Teller verteilen und warm servieren.

Skandinavische Brötchen mit Nordseekrabben

Zeit: 5 Minuten
Schwierigkeitsgrad: Einfach

Nährwertangaben pro Person:
Kalorien: 475 kcal
Fett: 39,9 g
Eiweiß: 19 g
Kohlenhydrate: 6,2 g

Zutaten für 4 Personen:

- 4 Eiweißbrötchen
- 150 g Nordseekrabben
- 6 EL Mayonnaise
- 2 TL frischer Dill

Zubereitung:

1. Zuerst den Dill mit der Mayonnaise vermengen. Die Krabben hinzufügen und alles mit einem Löffel mischen.
2. Die Brötchen halbieren und die Nordseekrabben auf jeweils einer Hälfte verteilen. Mit der anderen Hälfte bedecken und sofort servieren.

FAZIT – 100 FRÜHSTÜCKSREZEPTE

Mit den vorgestellten Frühstücksrezepten fällt es leicht, auch bei einer Low Carb Diät mit voller Energie in den Tag zu starten. Von schnellen Snacks für unterwegs bis zu Rezepten für Pfanne und Ofen, ist in diesem Kochbuch definitiv kein Platz mehr, um das Frühstück einfach ausfallen zu lassen. Eine gesunde Ernährung setzt dabei nicht nur auf Rezepte ohne Kohlenhydrate, sondern reduziert die Kohlenhydrate vielmehr so geschickt, dass der Körper alle Nährstoffe auch wirklich verwerten kann. Die in jedem der Rezepte vermerkte Anzahl an Nährstoffen pro Person erleichtert das schlank werden und hilft die täglichen zu sich genommenen Kohlenhydrate perfekt auf den eigenen Nährstoffbedarf innerhalb der Low Carb Diät abzustimmen. Verteilt auf 10 Kategorien ist es unabhängig, ob in den nächsten 14 Tagen Gäste erwartet werden oder ein Feiertag ansteht, immer ein Kinderspiel das passende Rezept auszuwählen. Die Auswahl an zur Verfügung stehenden Zutaten und Variationen macht das gesund abnehmen bereits beim Frühstück zu einem guten Einstieg in eine komplette Low Carb Ernährung. Wer sich dafür entscheidet hat zudem mit den 100 Rezepten in diesem Kochbuch bereits eine gute Basis geschaffen, um selbst Rezepte weiterzuentwickeln und nach dem eigenen Geschmack abzuwandeln.

War dieses Buch hilfreich für Sie? Dann würde ich mich auf Ihre **ehrliche Rezension** sehr freuen!

Der Grund, warum ich um Rezensionen bitte:

Leser-Rezensionen sind das Überlebenselixier einer jeden Autorenkarriere!

Vielen Dank für Ihre Unterstützung!

Bis bald,

Ihr Mathias Müller

EINLEITUNG - 50 MITTAGSREZEPTE

Eine Mittagspause ist auf einen bestimmten Zeitraum begrenzt und daher wie geschaffen dafür auf die bequemste Ernährung zurückzugreifen. Doch Fast Food und monotone Kantinenkost hinterlassen nicht nur einen vollen Magen, sondern auch nicht zu übersehende Spuren auf den Hüften. Damit diese Bequemlichkeit nicht das Selbstbewusstsein beeinflusst, gibt es einige Alternativen, die auch bei einer kurzen Mittagspause die körperliche Fitness verbessern und zu einem guten Gefühl beim Blick auf die Waage führen. Eine immer beliebtere Alternative hört auf den Namen "Low Carb". Mit einer kohlenhydratarmen Ernährung kehrt neben dem Idealgewicht auch der Spaß am Essen zurück. Denn anstatt bei jedem Mittagessen Kalorien zu zählen, wird einfach nur auf kohlenhydratreiche Lebensmittel wie Kartoffeln, Nudeln oder Mehlprodukte verzichtet. Damit diese Produkte nicht heimlich über Fertiggerichte ihren Platz auf dem Teller finden, ist das Kochen ein wichtiger Bestandteil des Abnehmprozesses.

Bei den ersten entscheidenden Schritten dieses Prozesses möchte ich Sie mit meiner langjährigen Erfahrung, die in dieses Kochbuch eingeflossen ist, unterstützen. Aufgrund dieser Erfahrung als Coach für gesunde Ernährung ist oft ein ungesundes Mittagessen mit zu vielen Kohlenhydraten der Grund dafür, warum selbst mit ausgewogenen Frühstücken und Abendessen die ungeliebten Extrapfunde genau dort verbleiben, wo sie nicht hingehören. Mit einem Low Carb Mittagessen erhält der Körper eine ausgewogene Nährstoffkombination mit einem Plus an Eiweißen und Fetten, welche vom Körper leichter verwertet und in den Energiehaushalt integriert werden können. Dabei werden die Kohlenhydrate keineswegs aus dem Speiseplan verbannt, sondern lediglich reduziert. So entsteht kein Hungergefühl und das Motivationslevel bleibt über den gesamten Zeitraum der Ernährungsumstellung konstant hoch.

Dieses Kochbuch ist speziell dafür entwickelt auch Berufstätige bei einem gesünderen Leben zu unterstützen. Mit Rezepten, die sich innerhalb von 30 Minuten oder sogar kürzer zubereiten lassen, ist es ganz leicht sich auch in den Pausen gesund zu ernähren. Viele Rezepte können zudem schon am Vortag zubereitet werden und müssen so im Büro nur kaltgestellt oder kurz erwärmt werden. Da viele Büros inzwischen über Mikrowellen und Kühlschränke verfügen, ist es viel leichter auch bei der Arbeit die Gewichtsabnahme nicht bis auf den Abend zu verschieben. Ein gutes Beispiel dafür ist die 32-jährige Grafikerin Saskia:

"Für viele Jahre probierte ich immer wieder verschiedene Diäten aus, die immer nur vom kurzen Erfolg waren. Grund dafür war nicht mein Durchhaltewillen, sondern vielmehr die Kantine an meinem Arbeitsplatz. Obwohl ich dachte mich dort ausgewogen zu ernähren, war bei vielen Gerichten die Anzahl an Kohlenhydraten sehr hoch. Nachdem ich mit der Low Carb Ernährung meinem Wunschgewicht endlich zum Greifen war, beschloss ich auch das Mittagessen selbst zuzubereiten. Mit den Rezepten aus diesem Buch war es ganz einfach Gerichte zu finden, die ich einfach zubereiten und auch mal in einer Lunchbox mit ins Büro nehmen kann. Bereits nach zwei Wochen waren die letzten hartnäckigen Kilos verschwunden und blieben es."

Saskia ist mit ihrem Wunsch nicht alleine, denn viele Menschen scheitern immer wieder an besonders hartnäckigen Fettpolstern, die einfach nicht verschwinden. Mit dieser Ernährung über zwei Wochen schmelzen diese Pfunde fast wie von alleine. Denn die verringerten Kohlenhydrate kurbeln auch die Fitness an, da der Körper die Nährstoffe viel schneller verwerten kann und weniger lange mit der Verdauung beschäftigt ist. Das regt auch die Aktivität an, die es leichter macht sich zu bewegen und die Leistungsfähigkeit nicht absinken zu lassen. Zeitgleich zum Gewichtsverlust steigt das Selbstbewusstsein, da Sie die selbst gesteckten Ziele endlich erreicht haben. Das bleibt natürlich auch ihrem Umfeld nicht verborgen, welches sich mit Komplimenten und Nachfragen an ihrem Erfolg nur zu gerne beteiligt. Damit dieses Lob nicht immer nur an die anderen verteilt wird gilt es genau jetzt den ersten Schritt zu einem neuen Körperbewusstsein zu gehen. Mit diesem Kochbuch tauchen Sie auch ohne Vorkenntnisse direkt in die schmackhafte Welt des Low Carbs ein. Mit 50 Rezepten aus 5 Kategorien erleben Sie von fruchtigen Salaten bis zu Mozzarellaspießen jeden Tag eine neue Köstlichkeit. Also werden Sie jetzt aktiv und nehmen Ihr Leben und Ihren Weg zu mehr Selbstwertgefühl einfach selbst in die Hand.

Vegetarische Gerichte

Gurkennudeln mit Fetapesto

Zeit: 15 Minuten
Schwierigkeitsgrad: Leicht

Nährwertangaben pro Person:
Kalorien: 255 kcal
Fett: 21,2 g
Eiweiß: 8,4 g
Kohlenhydrate: 5,8 g

Zutaten für 4 Personen:

- 1 Salatgurke
- 75 g Basilikum
- 25 g Pinienkerne
- 75 g Fetakäse
- 25 g Parmesan
- 1 Knoblauchzehe
- Öl
- Salz und Pfeffer zum Würzen

Zubereitung:

1. Fetakäse und Parmesan grob zerkleinern und in einen Mixer geben. Im Anschluss auch die Pinienkerne und den Basilikum hinzufügen. Nun den Knoblauch schälen, pressen und ebenfalls in den Mixer geben. Dieser Mischung etwa 50 ml Olivenöl hinzufügen und alles zu einem cremigen Pesto mischen. Dieses in eine Schüssel füllen und im Kühlschrank ziehen lassen. Dadurch erhalten die einzelnen Aromen die Möglichkeit, sich noch besser zu verbinden und somit

den Geschmack abzurunden. Da sich das Pesto für mehrere Tage im Kühlschrank hält, kann dieses auch am Vortag oder am Wochenende bequem vorbereitet werden.

2. Die Gurke schälen und zuerst längs und dann quer halbieren. Mit Hilfe eines Teelöffels die Kerne entfernen bis ausschließlich das feste Fruchtfleisch übrigbleibt. Diese mit einem Sparschäler in dünne Streifen schneiden und auf Pastateller verteilen. Die Gurkennudeln mit Salz und Pfeffer würzen und das Pesto darauf anrichten. Ein leichtes Gericht speziell für die warmen Sommermonate.

Auberginengemüse mit Paprikaquark

Zeit: 25 Minuten
Schwierigkeitsgrad: Leicht

Nährwertangaben pro Person:
Kalorien: 199 kcal
Fett: 13 g
Eiweiß: 10 g
Kohlenhydrate: 9,6 g

Zutaten für 4 Personen:

- 300 g Auberginen
- 300 g Magerquark
- 1 Dose Pizzatomaten
- 1 Gemüsezwiebel
- 5 eingelegte Paprika
- 5 Basilikumblätter
- Italienische Kräutermischung
- Paprikapulver
- Öl
- Salz und Pfeffer zum Würzen

Zubereitung:

1. Die eingelegten Paprikas fein würfeln und mit dem Quark verrühren. Die Basilikumblätter hacken und ebenfalls hinzufügen. Zum Schluss mit Paprikapulver sowie Salz und Pfeffer abschmecken und im Kühlschrank bis zum Servieren aufbewahren.
2. Im Anschluss die Zwiebel und die Auberginen fein würfeln. In einer Pfanne mit etwas Öl zuerst die Zwiebel glasig andünsten und dann die Auberginenwürfel hinzufügen. Für etwa 3 Minuten anbraten und dann mit dem Inhalt der Tomatendose ablöschen. Bei mittlerer Hitze für 10 Minuten einkochen lassen und dann mit der Kräutermischung sowie Salz und Pfeffer nach Belieben würzen.
3. Das Auberginengemüse in kleinen Schüsseln servieren. Den Paprikaquark separat servieren. So kann jeder selbst entscheiden, wie viel oder wenig Quark den Geschmack des Gemüses abrundet.

Zucchiniröllchen

Zeit: 25 Minuten
Schwierigkeitsgrad: Leicht

Nährwertangaben pro Person:
Kalorien: 203 kcal
Fett: 14,9 g
Eiweiß: 11,5 g
Kohlenhydrate: 4,2 g

Zutaten für 4 Personen:

- 2 Zucchini
- 200 g Kräuterfrischkäse
- 6 Radieschen
- 2 Frühlingszwiebeln
- 1 EL Zitronensaft
- Öl
- Salz und Pfeffer zum Würzen

Zubereitung:

1. Die Zucchini zuerst waschen und dann mit einem scharfen Küchenmesser in dünne Streifen schneiden. Die Breite sollte so gewählt werden, dass sich die Füllung nicht durchdrückt, aber nicht so dick, dass die Röllchen nicht mehr gedreht werden können.
2. Nun zuerst die Frühlingszwiebeln in sehr feine Ringe schneiden. Danach die Radieschen waschen und mit einer Küchenmaschine zerkleinern. Beide Zutaten mit dem Kräuterfrischkäse vermengen. Mit etwas Zitronensaft sowie Salz und Pfeffer mischen und alles gut vermischen.
3. Die Füllung dünn auf den Zucchinistreifen verstreichen und zu kleinen Rouladen aufrollen. Mit der Naht nach unten in eine Auflaufform geben. Ist Gemüse übriggeblieben, dieses fein würfeln und ebenfalls in die Auflaufform geben. Mit Olivenöl sowie etwas Salz und Pfeffer würzen und für circa 15 Minuten in den auf 175° vorgeheizten Ofen schieben. Danach auf Teller anrichten und noch warm servieren.

Ofenschafkäse

Zeit: 25 Minuten
Schwierigkeitsgrad: Leicht

Nährwertangaben pro Person:
Kalorien: 477 kcal
Fett: 36 g
Eiweiß: 31 g
Kohlenhydrate: 3,7 g

Zutaten für 4 Personen:

- 4 Scheiben Schafskäse a 150 - 200 g
- 2 Knoblauchzehen
- 10 Cherrytomaten
- 2 Zweige Rosmarin
- 2 Zweige Thymian
- 1 Zitrone
- 1 EL Kapern
- 1 EL Tomatenmark
- Paprikapulver
- Öl
- Salz und Pfeffer zum Würzen

Zubereitung:

1. Zwei Lagen Alufolie vorbereiten, die wie im Ofen für den Schafskäse wie eine Garform fungieren. Jeweils bis zur Hälfte dünn mit Olivenöl bestreichen.
2. Das Tomatenmark mit den Kapern vermischen und zusätzlich mit etwas Paprikapulver sowie Salz und Pfeffer aromatisieren. Jeweils zwei Schafskäse auf den zwei Schichten Alufolie mit Olivenöl platzieren und mit dem Tomatenmark bestreichen.
3. Nun die Knoblauchzehen in Scheiben schneiden und um den Schafskäse platzieren. Die Cherrytomaten halbieren und damit ebenfalls den Schafskäse einrahmen. Jeweils einen Zweig Rosmarin und Thymian auf den Schafskäse legen und alles mit dem Saft einer

Zitrone beträufeln. Bei 150° in den Ofen schieben und dort für 15 Minuten backen. Den Schafskäse in der Alufolie anrichten und noch warm genießen.

Tofugemüse

Zeit: 30 Minuten
Schwierigkeitsgrad: Leicht

Nährwertangaben pro Person:
Kalorien: 237 kcal
Fett: 10,2 g
Eiweiß: 14 g
Kohlenhydrate: 10,1 g

Zutaten für 4 Personen:

- 600 g Tofu
- 200 g Strauchtomaten
- 2 rote Paprika
- 2 Zweige Rosmarin
- 2 Zweige Thymian
- 1 Zucchini
- 1 Knoblauchzehe
- 1 Chili
- Öl
- Salz und Pfeffer zum Würzen

Zubereitung:

1. Zuerst die Strauchtomaten halbieren und in eine mit Olivenöl bestrichene Auflaufform geben. Dann die Paprikas, Zucchini und Chili in Streifen schneiden und ebenfalls in die Auflaufform geben. Den Knoblauch schälen und mit einer Presse direkt in die Auflaufform geben. Das gesamte Gemüse nun mit Salz und Pfeffer würzen sowie mit Olivenöl beträufeln. Vor dem Garen mit einem Löffel oder Salatbesteck gut durchmischen.
2. Die Auflaufform nun bei 200° für 20 Minuten in den Ofen schieben. In der Zwischenzeit den Tofu fein würfeln und gemeinsam mit Rosmarin und Thymian für die letzten 10 Minuten mit in der Auflaufform garen lassen. Vor dem Servieren den Inhalt der Auflaufform noch einmal gut durchmischen und alles auf Tellern oder noch in der Form servieren. Bei der letzteren Variante die Zweige von Rosmarin und Thymian in der Auflaufform belassen, um auch optisch auf dem Tisch zu punkten.

Kokospfanne

Zeit: 30 Minuten
Schwierigkeitsgrad: Leicht

Nährwertangaben pro Person:
Kalorien: 330 kcal
Fett: 28 g
Eiweiß: 6 g
Kohlenhydrate: 10,2 g

Zutaten für 4 Personen:

- 500 g Brokkoli
- 100 g Kokoscreme
- 300 ml Kokosmilch
- 2 Möhren
- 2 Stangen Staudensellerie
- 1 grüne Paprika
- Öl
- Salz und Pfeffer zum Würzen

Zubereitung:

1. Zuerst das Gemüse vorbereiten und dafür zuerst die Möhren und Staudensellerie in Scheiben schneiden. Dann die Paprika in Streifen und den Brokkoli in Röschen schneiden. Die Zutaten getrennt voneinander in Schüsseln aufbewahren.
2. Nun einen Wok oder Pfanne auf dem Herd mit etwas Öl erhitzen und darin zuerst den Staudensellerie andünsten, dann die Möhren und im Anschluss die Paprika hinzufügen.
3. Als letzte Zutat den Brokkoli hinzufügen und alles für etwa 3 Minuten anbraten. Dann die Kokosmilch hinzufügen und alles kurz aufkochen lassen.
4. Auf mittlere Hitze schalten und die Kokoscreme hinzufügen. Alles für etwa 10-15 Minuten garen und vor dem Servieren mit Salz und Pfeffer und nach Belieben weiteren Gewürzen wie etwa Currypulver abschmecken.

Scharfes Ofengemüse

Zeit: 30 Minuten
Schwierigkeitsgrad: Leicht

Nährwertangaben pro Person:
Kalorien: 240 kcal
Fett: 15,5 g
Eiweiß: 13,8 g
Kohlenhydrate: 9,1 g

Zutaten für 4 Personen:

- 6 Strauchtomaten
- 2 rote Paprikas
- 2 grüne Chilis
- 2 rote Peperoni
- 2 Knoblauchzehen
- 2 Zweige Rosmarin
- 2 Zweige Thymian
- 1 Gemüsezwiebel
- Olivenöl
- Salz und Pfeffer zum Würzen

Zubereitung:

1. Zwei Lagen Alufolie vorbereiten, die im Ofen die Hitze für das Gemüse besser regulieren. Jeweils bis zur Hälfte dünn mit Olivenöl bestreichen.
2. Die Paprikaschoten vierteln und die Kerne sowie den Strunk und die weißen Hautstellen entfernen. Die Chilis, Tomaten und Peperoni jeweils halbieren. Das Gemüse auf die mit Olivenöl bestrichene Seite der Alufolie aufteilen. Die Gemüsezwiebel vierteln und aufteilen. Den Mozzarella in Würfel schneiden und mit dem Gemüse vermischen. Zum Abschluss die Knoblauchzehen in Scheiben schneiden und gemeinsam mit Rosmarin und Thymian über dem Gemüse verteilen. Mit Olivenöl beträufeln und die Alupäckchen mit der zweiten Lage verschließen.

3. Im auf 175° vorgeheizten Ofen für 20 Minuten garen. Auf Tellern anrichten und warm servieren.

Gefüllte Zucchini

Zeit: 50 Minuten
Schwierigkeitsgrad: Leicht

Nährwertangaben pro Person:
Kalorien: 269 kcal
Fett: 18,9 g
Eiweiß: 16,9 g
Kohlenhydrate: 6 g

Zutaten für 4 Personen:

- 2 Zucchini
- 2 Tomaten
- 200 g Frischkäse
- 50 g Parmesan
- 1 rote Zwiebel
- 1 TK Kräutermischung nach Wahl
- Olivenöl
- Salz und Pfeffer zum Würzen

Zubereitung:

1. Die Zucchini waschen, mit einem Küchentuch abtrocknen und halbiert mit einem Teelöffel die Zucchini vorsichtig aushöhlen. Dabei jedoch das Fruchtfleisch zum Großteil erhalten.
2. Im Anschluss die getrockneten Tomaten und die rote Zwiebel würfeln und zusammen mit dem Frischkäse in einer kleinen Schüssel vermengen. Die Füllung nun mit der Kräutermischung sowie Salz und Pfeffer würzen.
3. Die ausgehöhlten Zucchinihälften dann in eine Auflaufform oder ein Backblech legen und mit der Frischkäsecreme befüllen. In dem auf 180° vorgeheizten Ofen für etwa 40 Minuten backen. 10

Minuten vor Ende der Garzeit die Zucchini mit dem Parmesan bestreuen und nach der Garzeit sofort auf Tellern anrichten und servieren.

Rosenkohlauflauf

Zeit: 45 Minuten
Schwierigkeitsgrad: Leicht

Nährwertangaben pro Person:
Kalorien: 420 kcal
Fett: 20 g
Eiweiß: 25 g
Kohlenhydrate: 10 g

Zutaten für 4 Personen:

- 750 g Rosenkohl
- 250 g Blumenkohl
- 100 g geriebener Käse
- 1 Ei
- 30 g Parmesan
- 250 ml Milch
- Salz und Pfeffer zum Würzen

Zubereitung:

1. Den Rosenkohl putzen und für etwa 10 Minuten in heißem Salzwasser vorgaren. Den Rosenkohl dann in einem Sieb abtropfen lassen.
2. In der Zwischenzeit die Sauce zubereiten und dafür in einer Schüssel die Milch und das aufgeschlagene Ei mit einem Schneebesen vermengen. Im Anschluss den geriebenen Parmesan hinzufügen und Gewürze wie Salz und Pfeffer oder frische Kräuter nach Belieben hinzufügen. Das Ganze für 60 Sekunden mit dem Schneebesen vermischen.
3. Eine kleine Menge der Sauce in der Auflaufform verteilen und darauf den Rosenkohl geben. Nun die übrige Sauce über den Rosenkohl geben und mit dem geriebenen Käse bedecken.
4. Für 30 Minuten in den auf 175° C vorgeheizten Ofen schieben und danach noch warm in der Auflaufform servieren oder auf Tellern anrichten.

Champignonspieße mit Tofu

Zeit: 25 Minuten
Schwierigkeitsgrad: Leicht

<u>Nährwertangaben pro Person:</u>
Kalorien: 85 kcal
Fett: 5 g
Eiweiß: 6 g
Kohlenhydrate: 2,6 g

<u>Zutaten für 4 Personen:</u>

- 200 g gewürfelter Tofu
- 6 braune Champignons
- 6 weiße Champignons
- 1 Gemüsezwiebel
- 1 rote Paprika
- 1 grüne Paprika

- Paprikapulver
- Öl
- Salz und Pfeffer zum Würzen

Zubereitung:

1. Die Champignons halbieren sowie die Gemüsezwiebel schälen und vierteln. Die Zwiebel dann auf einzelne Stücke aufteilen. Im Anschluss die Paprika in ähnlich große Stücke wie die Zwiebel schneiden.
2. In einer kleinen Schüssel Paprikapulver mit etwas Olivenöl sowie Salz und Pfeffer zu einer Marinade mischen.
3. Das Gemüse und den Tofu abwechselnd auf Spieße stecken und mit der Marinade bestreichen. Im Anschluss auf dem Grill oder in der Pfanne für etwa 3 Minuten pro Seite anbraten und noch warm servieren.

Suppen und Salate

Hühnersuppe mit Limetten

Zeit: 30 Minuten
Schwierigkeitsgrad: Leicht

Nährwertangaben pro Person:
Kalorien: 182 kcal
Fett: 4,6 g
Eiweiß: 29,9 g
Kohlenhydrate: 5,1 g

Zutaten für 4 Personen:

- 500 g Hühnerbrust
- 250 g Champignons
- 1 Liter Hühnerbrühe
- 2 Limetten
- 1 Chili
- 1 Bund Frühlingszwiebeln
- Öl
- Salz und Pfeffer zum Würzen

Zubereitung:

1. Für die Vorbereitung zuerst die Frühlingszwiebeln und die Chili in feine Ringe schneiden sowie die Champignons in dünne Scheiben.
2. Die Hähnchenbrust würfeln und mit Salz und Pfeffer würzen. Dann in einem heißen Topf mit etwas Öl bis das Fleisch goldbraun ist anbraten. Anschließend mit der Hühnerbrühe auffüllen und kurz aufkochen lassen.

3. In der Zwischenzeit die Enden der Limetten entfernen und den Rest in breite Scheiben schneiden. Diese gemeinsam mit Champignons, Gemüsezwiebeln und Chilis in die heiße Brühe geben und bei kleiner Hitze für etwa 15 Minuten garziehen lassen.
4. Vor dem Servieren können die Limettenscheiben entfernt werden, der Geschmack bleibt dennoch erhalten. Jedoch wirken die Limettenscheiben in einer Schüssel sehr dekorativ. Bei Bedarf kann mit Sojasauce gewürzt werden, was der klaren Brühe eine leichte Trübung verleiht.

Blattsalat mit Granatapfeldressing

Zeit: 15 Minuten
Schwierigkeitsgrad: Leicht

Nährwertangaben pro Person:
Kalorien: 143 kcal
Fett: 10,3 g
Eiweiß: 4,2 g
Kohlenhydrate: 7,2 g

Zutaten für 4 Personen:

- 300 g Feldsalat
- 100 g Rucola
- 200 g Joghurt
- 4 Strauchtomaten
- 1 Granatapfel
- 1 rote Zwiebel
- Balsamicoessig
- Olivenöl
- Salz und Pfeffer zum Würzen

Zubereitung:

1. Zuerst den Feldsalat und Rucola waschen und trockene Blätter aussortieren. In einer Salatschleuder trocknen und in eine Schüssel geben. Dann den Granatapfel mit den Handflächen über eine harte Oberfläche rollen. In der Mitte aufschneiden und die Kerne entfernen, indem mit einem Löffel oder Messer auf die Rückseite geklopft wird. Die Kerne zuerst auf einen Teller oder einer separaten Schüssel auslösen, damit die bitteren weißen Innenhäute vor dem Hinzufügen zum Salat entfernt werden können. Die Tomaten vierteln und in die Salatschüssel geben. Den Salat im Anschluss gut umrühren.
2. Im zweiten Schritt wird das Dressing zubereitet. Dafür zuerst die rote Zwiebel schneiden und fein würfeln. Die Zwiebelwürfel mit dem Joghurt mischen. 2 TL Olivenöl untermischen und mit Salz und Pfeffer würzen. Das Dressing über dem Salat verteilen und mit ein paar Spritzern Balsamicoessig beträufeln. Den Salat nun nicht mehr umrühren, damit sich das Dressing und der Balsamico erst auf den Tellern verbindet.

Tomatensuppe mit Kapern

Zeit: 20 Minuten
Schwierigkeitsgrad: Leicht

Nährwertangaben pro Person:
Kalorien: 174 kcal
Fett: 8,5 g
Eiweiß: 14 g
Kohlenhydrate: 10,5 g

Zutaten für 4 Personen:

- 300 g Hüttenkäse
- 1 Dose Tomaten
- 1 Salatgurke
- 1 rote Paprika
- 2 Stangen Staudensellerie
- 2 Knoblauchzehen
- 2 EL Kapern
- Olivenöl
- Salz und Pfeffer zum Würzen

Zubereitung:

1. Zuerst die Gurke schälen, in der Mitte halbieren und in Scheiben schneiden. Dann die Paprika in Streifen schneiden und die Staudensellerie in Ringe schneiden. Nun das vorbereitete Gemüse gemeinsam mit den zwei gepressten Knoblauchzehen in einen Mixer geben. Die Dose Tomaten hinzufügen und alles zu einer kalten Suppe pürieren. Mit Salz, Pfeffer und frischen Kräutern nach Belieben würzen.
2. Die Tomatensuppe dann auf Tellern oder in einer Schüssel anrichten und mit den Kapern und dem Hüttenkäse garnieren. Die Suppe kann auch gut vorbereitet und im Kühlschrank aufbewahrt werden, wenn Familienmitglieder zum Beispiel zu unterschiedlichen Zeiten am Mittag nach Hause kommen.

Grapefruit-Minz-Salat

Zeit: 15 Minuten
Schwierigkeitsgrad: Leicht

Nährwertangaben pro Person:
Kalorien: 220 kcal
Fett: 15,3 g
Eiweiß: 11,4 g
Kohlenhydrate: 7,7 g

Zutaten für 4 Personen:

- 4 Chiroree
- 200 g Mozzarellakugeln
- 1 Orange
- 1 Grapefruit
- 10 Minzblätter
- Weißer Balsamico
- Olivenöl
- Salz und Pfeffer zum Würzen

Zubereitung:

1. Zuerst den Chicorée waschen und in feine Streifen schneiden. Diese in eine Schüssel geben und im nächsten Arbeitsschritt die Orange und Grapefruit schälen. Dann mit einem scharfen Messer entlang der inneren Häute die Filets auslösen. Falls Kerne in diesen vorhanden sind, diese entfernen und die fertigen Filets zu dem Salat geben. Die Mozzarellakugeln in einem Sieb abtropfen lassen und ebenfalls hinzufügen.
2. Für das Dressing zu gleichen Teilen weißen Balsamico und Öl mischen. Das Dressing abschließend mit Salz und Pfeffer abschmecken und über dem Salat verteilen. Mit einem Salatbesteck alles vorsichtig durchmischen, so dass die Fruchtfilets intakt bleiben. Zum Schluss mit den frischen Minzblättern garnieren und gleich servieren oder im Kühlschrank lagern.

Gurkensuppe mit Radieschen

Zeit: 20 Minuten
Schwierigkeitsgrad: Einfach

Nährwertangaben pro Person:
Kalorien: 202 kcal
Fett: 15 g
Eiweiß: 6,6 g
Kohlenhydrate: 11 g

Zutaten für 4 Personen:

- 2 Gurken
- 150 g Radieschen
- 1 Knoblauchzehe
- 400 g Joghurt
- 400 ml Gemüsebrühe
- 1 Bund Schnittlauch
- 1 Bund Petersilie
- Salz und Pfeffer zum Würzen

Zubereitung:

1. Die Gurken schälen und längs halbieren. Anschließend mit einem Teelöffel vorsichtig die Kerne entfernen und die Gurke dann würfeln. Als weitere Vorbereitung auch die frischen Kräuter grob hacken sowie den Knoblauch pressen. Die vorbereiteten Zutaten nun in einen Mixer füllen.
2. Den Joghurt und die kalte Gemüsebrühe hinzufügen und alles zu einer kalten Suppe pürieren. Mit Salz und Pfeffer abschmecken und für 60 Minuten im Kühlschrank ziehen lassen.
3. Etwa 10 Minuten vor Ende die Radieschen waschen, die Enden abschneiden und die Radieschen in feine Scheiben schneiden oder hobeln. Diese mit der Gurkensuppe vermengen und auf Tellern oder in einer Suppenschüssel servieren.

Fenchelsalat

Zeit: 20 Minuten
Schwierigkeitsgrad: Leicht

Nährwertangaben pro Person:
Kalorien: 196 kcal
Fett: 11,4 g
Eiweiß: 5,2 g
Kohlenhydrate: 6,9 g

Zutaten für 4 Personen:

- 2 Fenchelknollen
- 1 Radicchio
- 1 Limette
- 200 g Joghurt
- Olivenöl
- Balsamicoessig
- Salz und Pfeffer zum Würzen

Zubereitung:

1. Den Fenchel waschen, das Grün sowie den holzigen Strunk entfernen. Den Fenchel danach in dünne Scheiben schneiden oder hobeln. Bei zweiter Variante immer an einen Schutz für die Finger denken, da die Messer der Hobel oft schärfer sind als sie zunächst aussehen. Den Fenchel dann leicht auseinanderziehen und in eine Salatschüssel geben.
2. Den Radicchio waschen, in einer Salatschüssel trockenschleudern und in mundgerechte Stücke oder Streifen schneiden. Zum Fenchel geben und mit einem Salatbesteck mischen.
3. Für das Dressing Essig und Öl zu gleichen Teilen mischen. Zu dem Joghurt geben. Danach mit Salz und Pfeffer sowie etwas Limettensaft abschmecken und über dem Salat verteilen. Wer den Geschmack von Limetten schätzt, kann zusätzlich die Schale abreiben und diese über dem Salat verteilen.

Paprikacremesuppe

Zeit: 35 Minuten
Schwierigkeitsgrad: Leicht

Nährwertangaben pro Person:
Kalorien: 182 kcal
Fett: 17 g
Eiweiß: 6,3 g
Kohlenhydrate: 11,3 g

Zutaten für 4 Personen:

- 2 rote Paprikas
- 2 gelbe Paprikas
- 2 Frühlingszwiebeln
- 1 Möhre
- 1 Zwiebel
- 1 Knoblauchzehe
- 500 ml Gemüsebrühe
- 100 ml Milch
- 4 EL Kräuterfrischkäse
- 100 g Creme Fraiche
- Paprikapulver
- Tomatenmark
- Olivenöl
- Salz und Pfeffer zum Würzen

Zubereitung:

1. Zuerst das Gemüse vorbereiten und dafür die Paprikas in Streifen schneiden sowie die Möhren in Scheiben schneiden. Nun die Gemüsezwiebel in Würfel schneiden und die Frühlingszwiebeln in Ringe schneiden. Da die Suppe später püriert wird, müssen die Gemüse nicht sehr fein und gleichmäßig geschnitten werden. Daher kann auch der Knoblauch in Scheiben geschnitten anstatt gepresst zu werden.

2. In einem Topf mit etwas Öl zuerst den Knoblauch und die Zwiebeln glasig andünsten und dann die Frühlingszwiebeln hinzufügen. Für etwa 90 Sekunden andünsten und dann etwa 2 EL Tomatenmark hinzugeben und für weitere 60 Sekunden andünsten. Dann mit der Gemüsebrühe ablöschen.
3. Die Möhre und die Paprikastreifen hinzufügen und bei mittlerer Hitze das Gemüse für 20 Minuten kochen lassen bis es weich ist. Nun den Topf vom Herd nehmen und mit einem Mixstab alles zu einer Suppe pürieren. Die Suppe nun zuerst mit Paprikapulver sowie Salz und Pfeffer würzen. Den Topf wieder auf den Herd stellen und bei mittlerer Hitze köcheln. Dann die Milch und den Frischkäse hinzufügen und beides kurz mit dem Mixstab einarbeiten. Vor dem Servieren die Suppe nochmals abschmecken und den Geschmack zum Beispiel mit frischen Kräutern und dem Creme Fraiche abrunden.

Brokkolisuppe

Zeit: 30 Minuten
Schwierigkeitsgrad: Leicht

Nährwertangaben pro Person:
Kalorien: 190 kcal
Fett: 12,2 g
Eiweiß: 11,3 g
Kohlenhydrate: 7,7 g

Zutaten für 4 Personen:

- 500 g Brokkoli
- 100 g Sellerie
- 1 Zwiebel
- 500 ml Gemüsebrühe
- 250 ml Milch
- 75 g Kräuterfrischkäse
- Muskat
- Salz und Pfeffer zum Würzen

Zubereitung:

1. Den Brokkoli in Röschen und den Sellerie in Würfel schneiden. Die Zwiebel schälen und in Würfel schneiden.
2. Einen Topf mit etwas Öl erhitzen und darin die Zwiebelwürfel glasig andünsten. Mit der Gemüsebrühe und der Milch ablöschen und diese kurz aufkochen. Nun das vorbereitete Gemüse hinzufügen und bei mittlerer Hitze alles für 10-15 Minuten weichkochen.
3. Mit einem Mixstab alles zu einer Suppe pürieren. Diese mit Salz, Pfeffer und einer Prise Muskat abschmecken. Dann den Frischkäse hinzufügen, um der Suppe eine cremige Konsistenz zu verleihen. Im Anschluss auf Teller verteilen und noch warm servieren.

Currysuppe

Zeit: 100 Minuten
Schwierigkeitsgrad: Leicht

Nährwertangaben pro Person:
Kalorien: 425 kcal
Fett: 31,4 g
Eiweiß: 26 g
Kohlenhydrate: 15,8 g

Zutaten für 4 Personen:

- 3 Hähnchenschenkel
- 2 Möhren
- 2 Zwiebeln
- 2 Stangen Lauch
- 2 Knoblauchzehen
- 1 Limette
- 50 g ungesalzene Cashewnüsse
- 2 Dosen Kokosmilch
- 100 ml Sahne
- Lorbeerblätter
- Wacholderbeeren
- Currypulver
- Salz und Pfeffer zum Würzen

Zubereitung:

1. Einen Topf mit kaltem Wasser aufsetzen und die Hähnchenschenkel dort aufsetzen. Gewürze wie Lorbeerblätter und Wacholderbeeren hinzufügen und für 1 Stunde zuerst bei großer und später mittlerer Hitze kochen.
2. In der Zwischenzeit das Gemüse vorbereiten. Und dafür die Porreestangen in feine Ringe schneiden. Die Zwiebeln und den Knoblauch würfeln sowie die Möhren in Scheiben schneiden. Zusätzlich die Schale der Limette abreiben und den Saft auspressen.

3. Nach den 60 Minuten die Hähnchenschenkel entfernen und die entstandene Hühnerbrühe sieben, um die Gewürze auszufiltern. Nun einen zweiten Topf aufsetzen und dort zuerst mit etwas Öl Zwiebeln und Knoblauch glasig andünsten. Danach das übrige Gemüse hinzufügen, alles für 2 Minuten andünsten. Mit der aufgefangenen Hühnerbrühe bedecken und bei mittlerer Hitze für mindestens 20 Minuten bei geschlossenem Deckel kochen.
4. In dieser Zeit das Fleisch von den Hühnerschenkeln lösen und klein schneiden. Nach der Garzeit das gekochte Gemüse pürieren. Im Anschluss mit Kokosmilch, Sahne, Limettensaft sowie Currypulver nach Belieben würzen. Mit Salz und Pfeffer abschmecken und zum Schluss als Highlight den Limettenabrieb sowie die Cashewkerne hinzufügen und warm servieren.

Wurstsalat

Zeit: 20 Minuten
Schwierigkeitsgrad: Leicht

Nährwertangaben pro Person:
Kalorien: 435 kcal
Fett: 23,5 g
Eiweiß: 44,5 g
Kohlenhydrate: 7,1 g

Zutaten für 4 Personen:

- 10 Radieschen
- 6 Strauchtomaten
- 1 Salatgurke
- 300 g gewürfelter Käse
- 300 g Geflügelaufschnitt
- 150 g Joghurt
- 1 Kräutermischung TK nach Wahl
- Olivenöl
- Salz und Pfeffer zum Würzen

Zubereitung:

1. Zuerst die Gurke schälen und in Scheiben oder Viertel schneiden. Dann die Radieschen in Scheiben schneiden. Die Tomaten vierteln und alles in eine Salatschüssel füllen.
2. Den Käse hinzufügen und den Aufschnitt würfeln und ebenfalls hinzugeben. Mit einem Salatbesteck alles gut miteinander vermengen.
3. Für das Dressing in einer kleinen Schüssel den Joghurt mit der Kräutermischung und einigen Spritzern Olivenöl vermischen. Nach Belieben mit Salz und Pfeffer würzen und das Dressing über dem Salat verteilen oder so auf dem Tisch platzieren, dass jeder selbst die Menge an Dressing auf dem Salat bestimmen kann.

Fleisch und Geflügel

Hähnchenbrust mit Avocadosalsa

Zeit: 20 Minuten
Schwierigkeitsgrad: Leicht

Nährwertangaben pro Person:
Kalorien: 426 kcal
Fett: 19,5 g
Eiweiß: 48,5 g
Kohlenhydrate: 10,3 g

Zutaten für 4 Personen:

- 4 Hähnchenbrustfilets
- 1 Avocado
- 1 rote Chili
- 1 rote Zwiebel
- 400 g Strauchtomaten
- Weißweinessig
- Olivenöl
- Salz und Pfeffer zum Würzen

Zubereitung:

1. Die Hähnchenbrust waschen, mit Salz und Pfeffer würzen und mit etwas Öl in einer heißen Pfanne von beiden Seiten etwa 5 Minuten goldbraun anbraten. Die Hähnchenbrust danach aus der Pfanne nehmen und in Alufolie einwickeln.

2. Während das Fleisch zubereitet wird, zeitgleich die Salsa vorbereiten. Dafür zuerst die Tomaten vierteln und in eine Schüssel füllen. Dann die Chili in dünne Ringe schneiden und ebenfalls dazugeben. Nun die Zwiebel würfeln und zu den anderen Salsazutaten geben. Als letztes die Avocado halbieren, mit einem Löffel das Fruchtfleisch auslösen und in feine Würfel schneiden. Die Salsa nun mit einem Löffel gut vermengen.
3. Für das Dressing zu gleichen Teilen Weißweinessig und Olivenöl vermischen und mit Salz und Pfeffer abmischen. Das Dressing über die Salsa geben und auf einem Teller als Gemüsebett anrichten. Die Hähnchenbrust darauf legen und noch warm servieren.

Geflügelcarpaccio

Zeit: 25 Minuten
Schwierigkeitsgrad: Leicht

Nährwertangaben pro Person:
Kalorien: 396 kcal
Fett: 21 g
Eiweiß: 40,1 g
Kohlenhydrate: 8,9 g

Zutaten für 4 Personen:

- 500 g Hähnchenbrust
- 200 g Frischkäse
- 2 Frühlingszwiebeln
- 1 orangene Paprika
- 1 Salatgurke
- 1 Kohlrabi
- 1 Zitrone
- Paprikapulver
- Olivenöl
- Salz und Pfeffer zum Würzen

Zubereitung:

1. Die Hähnchenbrust waschen, mit Salz und Pfeffer würzen und mit etwas Öl in einer heißen Pfanne von beiden Seiten etwa 5 Minuten goldbraun anbraten. Die Hähnchenbrust danach aus der Pfanne nehmen und in Alufolie einwickeln.
2. Die Salatgurke waschen und mit der Schale in dünne Scheiben schneiden. Diese auf einer Platte oder Tellern so anrichten das die Scheiben den Boden bedecken, aber einen kleinen Platz in der Mitte freilassen. Danach die Paprika in feine Streifen schneiden und diese zuerst in einer kleinen Schüssel beiseite stellen.
3. Im Anschluss die Hähnchenbrust dünn aufschneiden und auf den Gurkenscheiben verteilen. Darüber die Paprikastreifen ungleichmäßig anordnen.
4. Für den Dip zuerst die Frühlingszwiebeln in dünne Ringe schneiden und anschließend mit dem Frischkäse vermischen. Diesen nun mit Zitronensaft sowie Paprikapulver, Salz und Pfeffer würzen und in kleinen Schüsseln in die Mitte der Teller stellen.

Mediterrane Hähnchenbrust

Zeit: 35 Minuten
Schwierigkeitsgrad: Leicht

Nährwertangaben pro Person:
Kalorien: 350 kcal
Fett: 12,3 g
Eiweiß: 49 g
Kohlenhydrate: 9,9 g

Zutaten für 4 Personen:

- 4 Hähnchenbrüste
- 1 Zucchini
- 1 Aubergine
- 1 rote Paprika
- 1 grüne Paprika
- 1 rote Zwiebel
- 3 Zweige Thymian
- Tomatenmark
- Paprikapulver
- Salz und Pfeffer zum Würzen

Zubereitung:

1. Das Gemüse zuerst vorbereiten und dafür alles entweder in Streifen oder Scheiben schneiden und in einer Schüssel kurz durchmischen und kurz beiseite stellen. Dann die rote Zwiebel schälen und fein würfeln.
2. In einer Pfanne mit etwas Öl die Zwiebeln glasig anbraten und im Anschluss das vorbereitete Gemüse hinzufügen und ebenfalls für weitere 2 Minuten mitbraten. Dann mit dem Inhalt der Tomatendose ablöschen und für ungefähr 5 Minuten bei mittlerer Hitze köcheln. Danach mit 1 EL Tomatenmark sowie Paprikapulver, Salz und Pfeffer würzen. Den Inhalt der Pfanne dann in eine Auflaufform geben.

3. In der Pfanne dann die Hähnchenbrust von beiden Seiten etwa 2 Minuten anbraten und ebenfalls in die Auflaufform geben. Diese bei 150° in den Ofen geben und für 15 Minuten zu Ende garen. Nun auf Tellern anrichten oder in der Form auf den Tisch stellen.

Rindersteak mit grünen Bohnen

Zeit: 30 Minuten
Schwierigkeitsgrad: Leicht

Nährwertangaben pro Person:
Kalorien: 560 kcal
Fett: 30,6 g
Eiweiß: 60 g
Kohlenhydrate: 6,8 g

Zutaten für 4 Personen:

- 4 Steaks
- 400 g grüne Bohnen
- 1 Zwiebel
- 1 Knoblauchzehe
- 2 Zweigen Thymian
- Olivenöl
- Salz und Pfeffer zum Würzen

Zubereitung:

1. Zuerst die Bohnen putzen und dafür die holzigen Enden mit einem Messer abschneiden. Diese anschließend in heißem Salzwasser für etwa 15 Minuten bei mittlerer Hitze köcheln.
2. Die Steaks salzen und pfeffern und kurz ruhen lassen. In der Zwischenzeit den Knoblauch schälen und in feine Würfel schneiden. Diese in einer Pfanne mit Öl anbraten, den Thymian hinzufügen und dann die Steaks für etwa vier Minuten von jeder Seite scharf anbraten. Die Steaks danach mit dem Bratensaft in Alufolie einwickeln und ruhen lassen.

3. Die Bohnen in einem Sieb abtropfen lassen. Die Zwiebel in feine Würfel schneiden und in der Pfanne mit etwas Öl anbraten. Die Bohnen hinzufügen und etwa 5 Minuten bei geringer Hitze dünsten lassen. Nach Belieben mit Salz und Pfeffer würzen.
4. Die Bohnen auch einem Teller anrichten. Das Steaks hinzufügen und noch warm servieren.

Rindercarpaccio mit Rucolapesto

Zeit: 20 Minuten
Schwierigkeitsgrad: Leicht

Nährwertangaben pro Person:
Kalorien: 515 kcal
Fett: 30,9 g
Eiweiß: 47 g
Kohlenhydrate: 3,9 g

Zutaten für 4 Personen:

- 500 g Rinderfilet
- 200 g Rucola
- 75 g Parmesan
- 50 g Pinienkerne
- Olivenöl
- Salz und Pfeffer zum Würzen

Zubereitung:

1. Das Rinderfilet mit einem scharfen Messer in dünne Scheiben schneiden. Damit dies besser gelingt, das Rinderfilet im Tiefkühlfach kurz antauen lassen. Das Rinderfilet anschließend auf Teller oder einer Platte verteilen und mit dem Fleisch den ganzen Boden auslegen. Das Fleisch danach mit Salz und Pfeffer würzen.
2. Den Rucola mit 50 g Parmesan, den Pinienkernen und etwa 50 ml Olivenöl zu einem Pesto verarbeiten. Dieses unregelmäßig über dem Fleisch verteilen. Den restlichen Parmesan darüber hobeln und entweder servieren oder im Kühlschrank lagern.

Hackfleisch-Gemüse-Pfanne

Zeit: 40 Minuten
Schwierigkeitsgrad: Leicht

Nährwertangaben pro Person:
Kalorien: 499 kcal
Fett: 35 g
Eiweiß: 34,7 g
Kohlenhydrate: 7,7 g

Zutaten für 4 Personen:

- 500 g gemischtes Hack
- 150 g Frischkäse
- 1 Dose Pizzatomaten
- 2 Fleischtomaten
- 2 Knoblauchzehen
- 1 Zucchini
- 1 Aubergine
- 10 Basilikumblätter
- Olivenöl
- Salz und Pfeffer zum Würzen

Zubereitung:

1. Zuerst die Aubergine und Zucchini in mundgerechte Würfel schneiden. Diese zusammen in einer Schüssel kurz beiseite stellen. Die Fleischtomaten würfeln und in einer getrennten Schüssel aufbewahren.
2. Nun die Knoblauchzehen schälen und pressen. Den Knoblauch dann in einer Pfanne mit etwas Olivenöl anbraten und dann das Hackfleisch hinzufügen. Anbraten bis es gar ist und schließlich die vorbereiteten Gemüsewürfel hinzufügen und für 2-3 Minuten mitbraten.

3. Die Tomaten hinzufügen und alles kurz aufkochen lassen. Dann die Temperatur auf kleine Hitze drosseln und in kleinen Portionen den Frischkäse hinzufügen. Mit Gewürzen und den Basilikumblätter abschmecken und in eine Auflaufform füllen. Diese mit etwas Alufolie abdecken und für 25 Minuten bei 175° im Ofen fertiggaren. Am besten noch warm auf Tellern anrichten und servieren.

Putenpfanne

Zeit: 25 Minuten
Schwierigkeitsgrad: Leicht

Nährwertangaben pro Person:
Kalorien: 365 kcal
Fett: 22,7 g
Eiweiß: 34,3 g
Kohlenhydrate: 9,6 g

Zutaten für 4 Personen:

- 500 g Putengeschnetzeltes
- 2 rote Paprikaschoten
- 1 grüne Paprikaschote
- ½ Bund Frühlingszwiebeln
- 200 ml Sahne
- Olivenöl
- Salz
- Cayennepfeffer

Zubereitung:

1. Zuerst das Gemüse vorbereiten und dafür die Frühlingszwiebeln in Ringe schneiden und die Paprikas in Streifen. Beide Zutaten in getrennten Schüsseln aufbewahren.
2. Das Putengeschnetzelte in einer heißen Pfanne mit Öl anbraten. Im Anschluss zuerst die Paprika hinzufügen und für etwa 5

Minuten mitgaren lassen. Dann die Sahne einrühren und kurz aufkochen lassen. Bei mittlerer Hitze die Frühlingszwiebeln hinzufügen und für etwa 5 weitere Minuten köcheln lassen. Vor dem Servieren alles mit Cayennepfeffer sowie Salz abschmecken.

Steak mit Senfkruste

Zeit: 25 Minuten
Schwierigkeitsgrad: Leicht

Nährwertangaben pro Person:
Kalorien: 570 kcal
Fett: 32 g
Eiweiß: 60 g
Kohlenhydrate: 6,6 g

Zutaten für 4 Personen:

- 4 Rindersteaks
- 2 Zucchini
- 4 Frühlingszwiebeln
- Italienische Kräutermischung
- Mittelscharfer Senf
- Olivenöl
- Salz und Pfeffer zum Würzen

Zubereitung:

1. Zuerst das Gemüse vorbereiten und dafür die Frühlingszwiebeln in Ringe und die Zucchini in Würfel schneiden. In einer Pfanne mit etwas Öl zuerst die Frühlingszwiebeln kurz anbraten und dann die Zucchiniwürfel hinzufügen. Das Gemüse in der Pfanne bei mittlerer Hitze garen und kurz vor Ende nach Belieben mit Salz und Pfeffer würzen.
2. Parallel in einer zweiten Pfanne die mit Salz und Pfeffer gewürzten Steaks von beiden Seiten für etwa 3 Minuten scharf anbraten. Die Steaks dann auf ein Backblech legen. Den Senf in einer kleinen

Schüssel mit der Kräutermischung verrühren und mit einem Messer auf dem Steak verstreichen. Bei 80° für 10 Minuten im Ofen langsam garen lassen.

3. Für das Anrichten zuerst das Steak in der Mitte des Tellers platzieren und dann das Gemüse hinzufügen und noch warm servieren.

Gefüllte Zwiebeln

Zeit: 55 Minuten
Schwierigkeitsgrad: Leicht

Nährwertangaben pro Person:
Kalorien: 313 kcal
Fett: 22,6 g
Eiweiß: 18,5 g
Kohlenhydrate: 6,5 g

Zutaten für 4 Personen:

- 4 Gemüsezwiebeln
- 300 g gemischtes Hack
- 1 Ei
- 2 EL gemahlene Mandeln
- 1 EL Schnittlauch
- 1 EL Petersilie
- Chilipulver
- Salz und Pfeffer zum Würzen

Zubereitung:

1. Die Gemüsezwiebeln schälen, das obere Ende abschneiden und für 5 Minuten in heißem Salzwasser vorgaren. Die Zwiebeln kurz abkühlen lassen und dann vorsichtig mit einem Teelöffel das Innere der Zwiebeln auslösen. Die Hülle muss so stabil sein, dass sie auch mit der Füllung nicht reißt. Daher ist es am besten mindestens 2 - 3 Schichten der Zwiebel zu belassen.

2. Nun die Füllung vorbereiten und dafür zuerst das Innere von zwei der Zwiebeln fein hacken. Das Hackfleisch hinzufügen und mit dem Ei, den Mandeln und den Kräutern mischen. Die Hackmasse mit Salz und Pfeffer würzen.
3. Die Zwiebeln mit der Hackmasse füllen, in eine Auflaufform geben und für 40 Minuten bei 180° im Ofen backen. Noch warm auf Teller geben und noch warm servieren.

Gefülltes Brathähnchen

Zeit: 90 Minuten
Schwierigkeitsgrad: Leicht

Nährwertangaben pro Person:
Kalorien: 480 kcal
Fett: 24,3 g
Eiweiß: 52,9 g
Kohlenhydrate: 9,8 g

Zutaten für 4 Personen:

- 1 Hähnchen
- 250 ml Geflügelfond
- 4 rote Zwiebeln
- 5 Maronen
- 2 Zweige Thymian
- 2 Zweige Rosmarin
- Olivenöl
- Salz und Pfeffer zum Würzen

Zubereitung:

1. Zuerst die Füllung vorbereiten und dafür die Maronen würfeln und in eine Schüssel geben. Die Zwiebeln fein würfeln und mit dem übrigen Inhalt der Schüssel zu einer Füllung vermengen. Nach Belieben mit Salz und Pfeffer würzen.

2. Das Hähnchen waschen und in einer Bratenform legen. Am Halsbereich des Hähnchens vorsichtig die Haut ablösen und den Thymian und Rosmarin direkt unter die Haut schieben. Nun die Füllung im Inneren des Hähnchens platzieren und mit einem Löffel oder den Fingern fest andrücken, so dass keine Luftblasen mehr vorhanden sind.
3. Die Haut des Hähnchens nach Belieben würzen oder und den Boden der Auflaufform mit dem Geflügelfond auffüllen. Bei 200° für 75 Minuten in den Ofen geben und anschließend auf einem großen Teller oder einer Platte servieren

Fischrezepte

Lachsomelett

Zeit: 25 Minuten
Schwierigkeitsgrad: Leicht

Nährwertangaben pro Person:
Kalorien: 481 kcal
Fett: 27,1 g
Eiweiß: 28 g
Kohlenhydrate: 2,1 g

Zutaten für 4 Personen:

- 6 Eier
- 200 g Frischkäse
- 200 g Räucherlachs
- 1 Topf Kresse
- Öl
- Salz und Pfeffer zum Würzen

Zubereitung:

1. Zuerst die Eier in einer kleinen Schüssel mit 1 EL Wasser sowie Salz und Pfeffer zu einem Teig verquirlen. Eine Pfanne mit etwas Öl auf dem Herd erhitzen und die Eimasse dort bei großer Hitze anbraten. Das Omelett erst wenden, wenn die Seiten des Omeletts bereits gestockt sind. Von der anderen Seite ebenfalls goldbraun anbraten und auf einen Teller geben.
2. Parallel den Frischkäseaufstrich zubereiten und dafür in einer Schüssel den Frischkäse mit der Kresse vermischen. Den Lachs

würfeln und ebenfalls mit dem Frischkäse vermengen. Nach Belieben mit Salz und Pfeffer oder auch etwas Paprika- oder Currypulver würzen.

3. Die Frischkäsecreme auf dem Omelett verstreichen und das Omelett entweder offen oder eingeklappt servieren. Bei der offenen Variante empfiehlt es sich, frische Kresse übrigzulassen und diese über dem Omelett zu verstreuen.

Frutti di Mare Salat

Zeit: 15 Minuten
Schwierigkeitsgrad: Leicht

Nährwertangaben pro Person:
Kalorien: 180 kcal
Fett: 7 g
Eiweiß: 22,2 g
Kohlenhydrate: 6,5 g

Zutaten für 4 Personen:

- 400 g Frutti di Mare Mix
- 400 g Radicchio
- 200 g Chicoree
- 1 Knoblauchzehe
- 1 Zitrone
- Essig
- Olivenöl
- Salz und Pfeffer zum Würzen

Zubereitung:

1. Zuerst den Chicorée und Radicchio waschen und mit Hilfe einer Salatschleuder trocknen. Dann mit einem Messer in breite Streifen schneiden und zusammen in eine Schüssel geben. Die Frutti di Mare Mischung in einem Sieb abtropfen lassen und ebenfalls dem Salat hinzufügen.

2. Für das Dressing zu gleichen Teilen Essig und Öl vermischen. Das Dressing dann mit Salz und Pfeffer sowie etwas Zitronensaft abschmecken. Für eine exotischere Note kann auch Ananas- oder Mangosaft verwendet werden. Beides verträgt sich sehr gut mit dem Geschmack der Meeresfrüchte.
3. Das Dressing dann über den Salat geben und mit einem Salatbesteck gut vermischen. Vor dem Servieren 5 Minuten stehen lassen, damit sich die Aromen besser verbinden können.

Fruchtiger Salat mit Garnelen

Zeit: 20 Minuten
Schwierigkeitsgrad: Leicht

Nährwertangaben pro Person:
Kalorien: 218 kcal
Fett: 11 g
Eiweiß: 19,4 g
Kohlenhydrate: 10,5 g

Zutaten für 4 Personen:

- 1 Eichblattsalat
- 16 Garnelen
- 150 g Joghurt
- 1 Frühlingszwiebel
- 1 Mango
- 1 Pfirsich
- Balsamicoessig
- Öl
- Salz und Pfeffer zum Würzen

Zubereitung:

1. Als ersten Arbeitsschritt den Salat als Basis vorbereiten. Dafür den Eichblattsalat waschen, in mundgerechte Stücke mit den Fingern

zupfen und diese in einer Salatschleuder trocknen. Danach den Pfirsich sowie die Mango würfeln und dem Salat hinzufügen.

2. Nun die Garnelen in einer Pfanne mit etwas Öl anbraten. Die Garnelen nehmen beim Braten ihre typische rosa-orangene Farbe an, was ein untrügliches Zeichen dafür ist, dass die Garnelen fertiggegart sind. Die Garnelen dann aus der Pfanne nehmen und auf einen Teller geben.
3. Für das Dressing zuerst den Joghurt in eine kleine Schüssel geben und dann die Frühlingszwiebel in feine Ringe schneiden. Mit dem Joghurt vermengen und nach Belieben mit Salz und Pfeffer würzen.
4. Den Salat auf Teller oder Schüssel aufteilen. Dann das Dressing sowie die Garnelen hinzufügen und mit ein paar Spritzern Balsamicodressing beträufeln.

Thunfischcarpaccio

Zeit: 25 Minuten
Schwierigkeitsgrad: Leicht

<u>Nährwertangaben pro Person:</u>
Kalorien: 375 kcal
Fett: 21,8 g
Eiweiß: 33,2 g
Kohlenhydrate: 8,4 g

<u>Zutaten für 4 Personen:</u>

- 600 g Thunfisch
- 1 Avocado
- 1 Orange
- 1 Limette
- 8 Basilikumblätter
- Olivenöl
- Salz und Pfeffer zum Würzen

Zubereitung:

1. Den Thunfisch mit Salz und Pfeffer würzen und in einer Pfanne mit etwas Öl von beiden für etwa 90 Sekunden anbraten. Das so entstandene Röstaroma verleiht dem späteren Carpaccio einen intensiveren Geschmack. Für ein klassisches Carpaccio kann der Thunfisch natürlich auch roh verwendet werden. In jedem Fall ist die Qualität sehr wichtig, weshalb nur frischer Thunfisch verwendet werden sollte. Den Thunfisch kurz auf einem Teller ruhen lassen und danach mit einem scharfen Messer hauchdünn aufschneiden. Die Thunfischscheiben dann auf einer Platte oder Tellern auslegen, so dass der Boden bis auf einen kleinen Rand vollständig bedeckt ist.
2. Nun die Schale der Limette abreiben und den Saft und ein paar Spritzer Olivenöl über dem Thunfisch verteilen. Im Anschluss die Orange schälen und mit einem Messer quer in dünne Scheiben schneiden. Diese unregelmäßig über dem Thunfisch verteilen. Die Avocado halbieren, das Fruchtfleisch auslösen, dünn aufschneiden und ebenfalls unregelmäßig über dem Carpaccio verteilen. Mit etwas Salz und Pfeffer würzen und mit den Basilikumblättern garnieren. Im Anschluss sofort servieren.

Fischspieße

Zeit: 20 Minuten
Schwierigkeitsgrad: Leicht

Nährwertangaben pro Person:
Kalorien: 151 kcal
Fett: 6,7 g
Eiweiß: 16,3 g
Kohlenhydrate: 5,3 g

Zutaten für 4 Personen:

- 16 Garnelen
- 2 grüne Chilis
- 2 rote Chilis
- 2 Limetten
- Öl
- Salz und Pfeffer zum Würzen

Zubereitung:

1. Die Chilis halbieren, die Kerne entfernen und in etwa gleichgroße Stücke schneiden. Danach die Enden der Limette entfernen, die Limette halbieren und in Scheiben schneiden.
2. Abwechselnd Garnelen, Chili und Limetten auf einen Holzspieß stecken. Die Garnelen mit dem Spieß durch beide Enden aufspießen. Die Garnele ist dadurch fest fixiert und kann leichter angebraten werden.
3. Den Spieß danach mit Salz und Pfeffer würzen und in einer Pfanne oder dem Grill für etwa 4 Minuten von beiden Seiten anbraten. Sobald sich die Garnelen rosig verfärben ist es ein sicheres Zeichen dafür, dass die richtige Temperatur erreicht wurde und die Garnelen gar sind.
4. Im Anschluss auf Tellern anrichten und noch warm servieren.

Seelachsfilet mit Kräutersauce

Zeit: 30 Minuten
Schwierigkeitsgrad: Leicht

Nährwertangaben pro Person:
Kalorien: 389 kcal
Fett: 20,3 g
Eiweiß: 38 g
Kohlenhydrate: 9,7 g

Zutaten für 4 Personen:

- 600 g Seelachsfilet
- 400 g Brokkoli
- 200 g Quark
- 1 Zitrone
- 1 Knoblauchzehe
- 1 TK Kräutermischung nach Wahl
- ½ Bund Schnittlauch
- ½ Bund Petersilie
- Öl
- Salz und Pfeffer zum Würzen

Zubereitung:

1. Eine Lage Alufolie zur Hälfte mit Olivenöl bestreichen und darauf das Seelachsfilet platzieren. Die Knoblauchzehe pressen und darüber verteilen sowie mit ein paar Spritzern Zitronensaft beträufeln. Dann mit der übrigen Alufolie verschließen und bei 200° für 15 Minuten im Ofen garen.
2. In der Zwischenzeit den Brokkoli in kleine Röschen schneiden und in heißem Salzwasser für etwa 10-15 Minuten kochen. Sobald das Salzwasser sprudelnd kocht, den Brokkoli etwa 2 Minuten mitkochen und danach die Hitze auf eine mittlere Temperatur regulieren. Den Brokkoli dann in einem Sieb auffangen und gut abtropfen lassen.

3. Für die Sauce den Quark in einen Mixer geben und die Kräuter hinzufügen. Für etwa 2 Minuten diese Mischung zu einer Sauce vermengen. Diese in eine Schüssel füllen und mit der Kräutermischung vermengen. Im Anschluss mit etwas Zitronensaft sowie Salz und Pfeffer würzen.
4. Auf einem Teller den Fisch, die Kräutersauce und den Brokkoli anrichten. Noch warm servieren und nach Belieben mit frischen Kräutern bestreuen. Wer die Sauce lieber warm mag, kann diese natürlich auch auf dem Herd oder in der Mikrowelle erhitzen.

Fischpfanne

Zeit: 35 Minuten
Schwierigkeitsgrad: Leicht

Nährwertangaben pro Person:
Kalorien: 352 kcal
Fett: 39 g
Eiweiß: 13,8 g
Kohlenhydrate: 8 g

Zutaten für 4 Personen:

- 4 Pangasiusfilets
- 150 g Garnelen
- 1 Dose Pizzatomaten
- 2 Stangen Staudensellerie
- 1 Bund Frühlingszwiebeln
- 200 ml Kokosmilch
- Olivenöl
- Salz und Pfeffer zum Würzen

Zubereitung:

1. Zuerst den Fisch in mundgerechte Stücke schneiden und in einer Schüssel mit Salz und Pfeffer würzen. Danach das Gemüse

vorbereiten und dafür Staudensellerie und Frühlingszwiebeln in feine Ringe schneiden.

2. Die Frühlingszwiebeln in einer Pfanne mit etwas Öl kurz andünsten, dann die Staudensellerie hinzufügen und für weitere 2 Minuten erhitzen. Das Gemüse dann mit dem Inhalt der Tomatendose ablöschen und alles kurz erhitzen. Die Hitze danach auf eine mittlere Temperatur bringen und die Kokosmilch hinzufügen und für 3 Minuten köcheln lassen.
3. Nun die vorbereiteten Fischstücke hinzugeben und für 5 Minuten kochen. Die Fischpfanne danach abschmecken und mit Gewürzen wie Salz und Pfeffer oder frischen Kräutern abschmecken. Dann die Garnelen dazugeben und für weitere 10 Minuten zu Ende garen. Die Fischpfanne dann auf Teller verteilen oder direkt in der Pfanne auf dem Tisch platzieren.

Garnelenauflauf mit Fetakäse

Zeit: 30 Minuten
Schwierigkeitsgrad: Leicht

Nährwertangaben pro Person:
Kalorien: 350 kcal
Fett: 16,9 g
Eiweiß: 36 g
Kohlenhydrate: 10,1 g

Zutaten für 4 Personen:

- 500 g Garnelen
- 500 g passierte Tomaten
- 200 g Fetakäse
- 1 Bund Frühlingszwiebeln
- 2 Knoblauchzehen
- 2 Zweige Thymian
- Olivenöl
- Salz und Pfeffer zum Würzen

Zubereitung:

1. Zuerst die Frühlingszwiebeln in feine Ringe schneiden und in einer Pfanne mit etwas Öl anbraten. Nach etwa 2 Minuten die Garnelen hinzufügen und für weitere 3 Minuten mitbraten. Die Pfanne danach vom Herd nehmen und den Inhalt kurz ruhen lassen.
2. In einer Auflaufform die passierten Tomaten auf dem Boden verteilen. Den Fetakäse mit den Fingern gleichmäßig in der Auflaufform zerbröseln. Die Knoblauchzehen pressen und ebenfalls hinzufügen. Den Inhalt der Pfanne mit Salz und Pfeffer würzen und in die Auflaufform geben. Den Thymian darauflegen und in dem auf 175° vorgeheizten Ofen für 10 Minuten garen. Noch warm auf Teller anrichten oder in der Auflaufform servieren.

Zucchinigemüse mit Jacobsmuscheln

Zeit: 30 Minuten
Schwierigkeitsgrad: Leicht

Nährwertangaben pro Person:
Kalorien:260 kcal
Fett: 16,2 g
Eiweiß: 18,8 g
Kohlenhydrate: 9,3 g

Zutaten für 4 Personen:

- 8 Jacobsmuscheln
- 300 g Zucchini
- 100 g Cocktailtomaten
- 150 g Mozzarellabällchen
- 1 Gemüsezwiebel
- 1 Knoblauchzehe
- ½ Bund Petersilie
- 125 ml Gemüsebrühe
- Öl
- Salz und Pfeffer zum Würzen

Zubereitung:

1. Im ersten Arbeitsschritt das Gemüse vorbereiten und dafür zuerst die Zucchini würfeln und dann die Cocktailtomaten halbieren. In verschiedene Schüsseln geben. Dann die Gemüsezwiebel schälen und würfeln.
2. Eine Pfanne mit Öl auf dem Herd erhitzen und die Gemüsezwiebel darin glasig andünsten. Zuerst die Zucchiniwürfel kurz mitbraten und dann die Tomaten hinzufügen. Mit der Gemüsebrühe ablöschen und alles für mindestens 10 Minuten bei mittlerer Hitze einkochen. Kurz vor Ende der Garzeit mit Salz und Pfeffer würzen sowie die gehackte Petersilie und die Mozzarellabällchen hinzufügen.
3. Die Knoblauchzehen schälen und pressen. In etwas Öl in einer zweiten Pfanne anbraten und die mit Salz und Pfeffer gewürzten Jacobsmuscheln hinzufügen. Von jeder Seite für 3 Minuten anbraten und gemeinsam mit dem Gemüse auf Tellern anrichten und noch warm servieren.

Rotbarsch in Alufolie

Zeit: 25 Minuten
Schwierigkeitsgrad: Leicht

Nährwertangaben pro Person:
Kalorien: 386 kcal
Fett: 35,5 g
Eiweiß: 7,8 g
Kohlenhydrate: 7,6 g

Zutaten für 4 Personen:

- 4 Rotbarschfilets
- 4 Frühlingszwiebeln
- 1 rote Chilischote
- 1 Zitrone
- ½ Bund Kerbel
- Olivenöl
- Salz und Pfeffer zum Würzen

Zubereitung:

1. Zuerst 2 Lagen Alufolie jeweils bis zur Hälfte mit Olivenöl bestreichen. Auf diesen Hälften jeweils 2 Rotbarschfilets platzieren. Diese zuvor von beiden Seiten mit Salz und Pfeffer würzen.
2. Dann die Frühlingszwiebeln und die Chili in Ringe schneiden und auf die Fischfilets verteilen. Im Anschluss die Zitronenschale abreiben und gemeinsam mit dem Saft über den Fisch geben. Den Kerbel hacken und über dem Fisch verstreuen. Die Päckchen mit der zweiten Hälfte Alufolie fest verschließen.
3. Für die Zubereitung empfiehlt sich der Backofen oder der Grill. Im ersten Fall beträgt die Garzeit bei 200° ungefähr 15 Minuten. Die Garzeit auf dem Grill kann je nach Temperatur etwas variieren. Den Fisch in der Alufolie auf Tellern anrichten und noch warm servieren. Beim Öffnen der Pakete ist jedoch Vorsicht geboten, da leicht heißer Wasserdampf austritt.

Snacks

Fenchelpuffer

Zeit: 30 Minuten
Schwierigkeitsgrad: Leicht

Nährwertangaben pro Person:
Kalorien: 190 kcal
Fett: 12,5 g
Eiweiß: 10,4 g
Kohlenhydrate: 7,5 g

Zutaten für 4 Personen:

- 400 g Fenchel
- 1 Gemüsezwiebel
- 150 g Quark
- 2 Eier
- 3 EL gehackter Bärlauch
- Öl
- Salz und Pfeffer zum Würzen

Zubereitung:

1. Den Fenchel ganz nach Geschmack entweder hobeln oder fein hacken. Bei Varianten schmecken, bei der ersten kann sich lediglich die Garzeit unwesentlich verlängern. Dann die Zwiebel sehr fein würfeln und gemeinsam mit dem Fenchel in einer Schüssel vermischen.

2. Das Gemüse mit dem Quark mischen und den gehackten Bärlauch sowie das Ei hinzufügen und alles sehr gut vermischen. Zum Abschluss nach Belieben mit Salz und Pfeffer würzen.
3. Öl in einer Pfanne erhitzen und mit einem kleinen Schöpflöffel kleine Häufchen formen und diese in der Pfanne zu Puffern andrücken. Von beiden Seiten goldbraun anbraten. Die Puffer schmecken sowohl warm als auch kalt sehr gut und können daher auch leicht als selbstgemachtes Mittagessen mit in das Büro genommen werden.

Gemüsesticks mit Tofuaioli

Zeit: 15 Minuten
Schwierigkeitsgrad: Leicht

Nährwertangaben pro Person:
Kalorien: 221 kcal
Fett: 15 g
Eiweiß: 7,8 g
Kohlenhydrate: 10,2 g

Zutaten für 4 Personen:
- 2 Möhren
- 2 Stangen Staudensellerie
- 1 rote Paprika
- 1 grüne Paprika
- 200 g Tofu
- 100 g Creme Fraiche
- 2 Knoblauchzehen
- 1 Zitrone
- 1 TL mittelscharfer Senf
- Olivenöl
- Salz und Pfeffer zum Würzen

Zubereitung:

1. Zuerst das Gemüse vorbereiten und dafür Möhren, Paprika und Staudensellerie in etwa 7- 10 cm große Streifen schneiden.
2. Für die Tofuaioli den Tofu gemeinsam mit etwas Zitronensaft, Senf, den Knoblauchzehen sowie Olivenöl in einem Mixer zu einer Aioli verarbeiten. Die Sauce in eine kleine Schüssel füllen und mit der Creme Fraiche vermengen. Zum Abschluss mit Salz und Pfeffer würzen.
3. Für das Büro beide Bestandteile in getrennten Verpackungen in den Kühlschrank stellen und in der Mittagspause frisch genießen.

Garnelensticks

Zeit: 25 Minuten
Schwierigkeitsgrad: Leicht

Nährwertangaben pro Person:
Kalorien: 190 kcal
Fett: 8,1 g
Eiweiß: 23 g
Kohlenhydrate: 5,6 g

Zutaten für 4 Personen:

- 200 g Flusskrebse
- 10 Garnelen
- 1 Stange Porree
- 1 Ei
- 1 Limette
- 1 Knoblauchzehe
- 2 EL Petersilie
- Öl
- Salz und Pfeffer zum Würzen

Zubereitung:

1. In einem Mixer die Garnelen und die Flusskrebse gemeinsam mit dem gepressten Knoblauch, dem Ei, der Petersilie und dem in Ringen geschnittenen Porree zu einer Masse vermischen. Diese mit Limettensaft sowie Salz und Pfeffer würzen und nochmals für etwa 30 Sekunden mixen.
2. Die Fischmasse in eine Schüssel füllen und mit den Fingern kleine Bällchen oder auch Frikadellen formen. Den Boden einer Pfanne mit Öl bedecken und die Garnelenbällchen darin heiß anbraten. Die fertigen Bällchen dann auf einem Küchenpapier abtropfen lassen, um das überschüssige Öl aufzunehmen. Die Garnelenbällchen schmecken sowohl warm als auch kalt und können leicht mit ins Büro genommen werden.

Mozzarellaspieße

Zeit: 20 Minuten
Schwierigkeitsgrad: Leicht

Nährwertangaben pro Person:
Kalorien: 489 kcal
Fett: 36 g
Eiweiß: 31,3 g
Kohlenhydrate: 6 g

Zutaten für 4 Personen:

- 500 g kleine Mozzarellakugeln
- 400 g Cocktailtomaten
- 30 g Pinienkerne
- 30 g Parmesan
- 1 Bund Petersilie
- 1 Bund Basilikum
- Olivenöl
- Salz und Pfeffer zum Würzen

Zubereitung:

1. Zuerst die Pesto vorbereiten und dafür zuerst Parmesan, Pinienkerne und Petersilie gemeinsam mit etwas Olivenöl in den Mixer geben. Da mit dem Pesto die Mozzarellakugeln mariniert werden sollen, ist es nicht notwendig, das Pesto zu flüssig zu machen. Die Zutaten im Mixer vermengen und das fertige Pesto danach in eine Schüssel füllen.
2. Die Mozzarellakugeln in einem Sieb abtropfen lassen und mit einem Küchenpapier abtupfen. Den Mozzarella dann in die Pestoschüssel geben und dort die Kugeln komplett mit dem Pesto umhüllen.
3. Abwechselnd Mozzarella und Tomaten aufspießen und bei jedem Wechsel ein Blatt Basilikum dazwischen legen. Die Spieße sofort servieren oder im Kühlschrank aufbewahren.

Thunfischfrikadellen

Zeit: 25 Minuten
Schwierigkeitsgrad: Leicht

Nährwertangaben pro Person:
Kalorien: 275 kcal
Fett: 15,5 g
Eiweiß: 29,8 g
Kohlenhydrate: 2 g

Zutaten für 4 Personen:

- 2 Dosen Thunfisch
- 150 g Rotkohl
- 1 rote Zwiebel
- 1 Ei
- 2 EL Frischkäse
- Öl
- Salz und Pfeffer zum Würzen

Zubereitung:

1. Den Thunfisch in einem Sieb abtropfen lassen. Den Rotkohl sowie die Zwiebel in einer Küchenmaschine hacken. Das Gemüse dann mit dem Thunfisch vermischen. Das Ei und den Frischkäse hinzufügen und alles zu einer gleichmäßigen Masse verarbeiten. Mit Salz und Pfeffer würzen.
2. Mit den Händen gleichgroße Frikadellen formen und diese mit den in einer heißen Pfanne mit Öl für etwa 4-5 Minuten von jeder Seite ausbacken. Die Frikadellen schmecken warm und kalt und eignen sich daher perfekt als Pausensnack für das Büro.

Lachsmuffins

Zeit: 40 Minuten
Schwierigkeitsgrad: Leicht

Nährwertangaben pro Person:
Kalorien: 340 kcal
Fett: 24,5 g
Eiweiß: 24,6 g
Kohlenhydrate: 6 g

Zutaten für 4 Personen:

- 200 g Räucherlachs
- 200 g Joghurt
- 200 g Frischkäse
- 75 g geriebener Käse
- 1 Zucchini
- 1 Zwiebel
- 1 Bund Dill
- Salz und Pfeffer zum Würzen

Zubereitung:

1. Die Zucchini halbieren, mit einem Teelöffel die Kerne entfernen und das verbleibende Fruchtfleisch in feine Würfel schneiden. Die

Zwiebel schälen und gemeinsam mit dem Räucherlachs ebenfalls würfeln.
2. Die bisherigen Zutaten mit dem Frischkäse verrühren. Mit Salz und Pfeffer würzen und mit dem geriebenen Käse vermengen.
3. Eine Muffinform bereitstellen und die Masse gleichmäßig auf die Förmchen verteilen. Für 175° im Ofen für 30 Minuten backen.
4. In der Zwischenzeit aus dem Joghurt sowie dem gehackten Dill einen Dip herstellen und diesem mit Salz und Pfeffer würzen. Beides gemeinsam auf Tellern oder einer Platte anrichten.

Gefüllte Avocado

Zeit: 15 Minuten
Schwierigkeitsgrad: Leicht

Nährwertangaben pro Person:
Kalorien: 360 kcal
Fett: 30 g
Eiweiß: 10,2 g
Kohlenhydrate: 10,6 g

Zutaten für 4 Personen:

- 2 Avocados
- 100 g Emmentaler
- 1 Tomate
- 1 Zwiebel
- 1 Knoblauchzehe
- Salz und Pfeffer zum Würzen

Zubereitung:

1. Die Avocados halbieren und den Kern auslösen. Das Fruchtfleisch vorsichtig auslösen, damit die Hülle als eine Salatschale fungieren kann.
2. Für die Füllung die Avocado sowie Tomate, Zwiebel und Knoblauchzehe fein würfeln. In einer Schüssel mit dem Käse vermengen und mit Salz und Pfeffer würzen.
3. Die Füllung in die ausgehöhlte Avocado geben und entweder sofort servieren oder im Kühlschrank lagern. Kann sehr gut bereits am Morgen vorbereitet werden, wenn die Mittagspause mal wieder kürzer ausfällt als erwartet.

Quarkküchlein

Zeit: 30 Minuten
Schwierigkeitsgrad: Leicht

Nährwertangaben pro Person:
Kalorien: 550 kcal
Fett: 35 g
Eiweiß: 45 g
Kohlenhydrate: 7,1 g

Zutaten für 4 Personen:

- 500 g Quark
- 200 g geriebener Käse
- 200 g Hähnchenbrustaufschnitt
- 4 Eier
- 4 EL gemahlene Mandeln
- Salz und Pfeffer zum Würzen

Zubereitung:

1. Den Aufschnitt würfeln und gemeinsam mit den anderen Zutaten in einer Schüssel zu einem Teig vermengen. Mit Salz und Pfeffer würzen.
2. Ein Blech mit Backpapier auslegen und die Masse darauf in kleinen Häufchen verteilen und mit einem Löffel leicht andrücken.
3. Im auf 180° vorgeheizten Ofen für 20 Minuten backen. Schmeckt sowohl warm als auch kalt und lässt sich gut bereits am Vorabend fürs Büro vorbereiten.

Gefüllte Eierhälften

Zeit: 25 Minuten
Schwierigkeitsgrad: Leicht

Nährwertangaben pro Person:
Kalorien: 518 kcal
Fett: 35 g
Eiweiß: 45,1 g
Kohlenhydrate: 2,3 g

Zutaten für 4 Personen:

- 8 Eier
- 2 Dosen Thunfisch
- 8 Radieschen
- 8 Cocktailtomaten
- 100 g Mayonnaise
- Salz und Pfeffer zum Würzen

Zubereitung:

1. Die Eier in heißem Wasser hartkochen und kurz unter kalten Wasser abschrecken. Die Schale entfernen und vorsichtig das Eigelb herausnehmen.
2. Für die Füllung den Thunfisch abtropfen lassen und in einer Schüssel mit Mayonnaise vermengen. Die Eierhälften damit

befüllen und mit Radieschenscheiben sowie Tomatenhälften garnieren.

Fleischtomaten mit Ziegenkäse

Zeit: 25 Minuten
Schwierigkeitsgrad: Leicht

Nährwertangaben pro Person:
Kalorien: 210 kcal
Fett: 14,6 g
Eiweiß: 13,3 g
Kohlenhydrate: 5,7 g

Zutaten für 4 Personen:

- 4 Fleischtomaten
- 150 g Ziegenkäse
- 50 g Erdnüsse
- 1 Knoblauchzehe
- Salz und Pfeffer zum Würzen

Zubereitung:

1. Das obere Ende der Fleischtomaten abschneiden und diese vorsichtig mit einem Teelöffel aushöhlen.
2. Ziegenkäse, Erdnüsse und die Knoblauchzehe in einen Mixer geben und dort gut miteinander vermischen. Die entstandene Masse mit Salz und Pfeffer würzen und in die Tomaten füllen.
3. Die Tomaten können so verzehrt oder für 10 Minuten bei 175° im Ofen erhitzt werden.

FAZIT - 50 MITTAGSREZEPTE

Unabhängig, ob alleine oder im Kreise von Freunden und Familie, sollte das Mittagessen immer wie selbstverständlich zu den kulinarischen Highlights des Tages gehören. Dieses bei einer Diät einfach ausfallen zu lassen, hat statt einem dauerhaften langfristigen Verlust von Gewicht eher lästige Heißhungerattacken, die bis zum Abend andauern, zur Folge. Mit den vorgestellten Rezepten gelingt es auch Berufstätigen innerhalb von kurzer Zeit leckere Low Carb Gerichte zuzubereiten.

Oder Sie bereiten einfach einen der vorgestellten Snacks zu und verzichten in Zukunft auf die eintönige Kantionenkost. In jedem Fall wird innerhalb von zwei Wochen nicht nur ihre Kleidergröße wechseln, da der Verzicht auf Kohlenhydrate am Mittagstisch das Formtief am Nachmittag einfach ausfallen lässt und stattdessen bis zum wohlverdienten Feierabend die Produktivität unverändert hoch hält. Die vorgestellten Rezepte sind zudem so abwechslungsreich, dass es gar nicht nötig sein wird, wie bei einer Diät zwei Gerichte zu kochen. Denn auch Familienmitglieder, die keine Pfunde verlieren möchten werden auf dem Teller trotz der geringeren Kohlenhydrate bestimmt nichts vermissen.

Weitere Rezepte, Tricks und Tipps, Ratgeber in unserem Newsletter. Jetzt unter http://gesundleben.schnelliebe.com/ eintragen!

Ihr Mathias Müller

EINLEITUNG – 50 ABENDESSEN-REZEPTE

Nach einem langen Arbeitstag fällt es leicht sich entspannt zurückzulehnen und einfach bei Fertigprodukten zuzugreifen. Doch diese enthalten neben einem geringen Nährstoffgehalt auch eine Vielzahl an Kohlenhydraten, welche sich nur allzu gerne direkt auf den Hüften absetzen. Eine ungesunde Ernährung und Übergewicht gehen dabei immer mehr Hand in Hand.

Dabei hat das Abendessen das Potential nicht nur die wichtigste Mahlzeit des Tages zu werden, sondern auch einen aktiven Beitrag zum Abnehmerfolg zu werden. Der Schlüssel zu diesem Erfolgserlebnis ist die Ernährung nach Low Carb Prinzipien. Reduziert werden dabei nicht die Portionen oder Kalorien, sondern lediglich die Menge der zu sich genommenen Kohlenhydrate. Das Resultat ist eine gesunde Ernährung ohne Hungergefühl nach den Mahlzeiten und eine sichtbar schlankere Silhouette.

Die Zusammenhänge zwischen einer gesunden Ernährung und einer dauerhaften Gewichtsabnahme stets schon lange im Mittelpunkt meiner Arbeit als Autor und Ernährungsberater. Mit diesem Buch will ich nicht nur dem Trend zu einer bewussteren Ernährung Rechnung tragen, sondern einen direkten Einstieg in das Thema Low Carb bieten. Anstatt sich zuerst umständlich mit einer Vielzahl von Regeln vertraut zu machen beginnt die Erfahrung Low Carb mit diesem Kochbuch mit allen Sinnen. Ob bei der Auswahl des Rezepts für den nächsten Tag, dem Einkauf und der Zubereitung bis zum Genuss der Gerichte fällt es spielend leicht die Philosophie der kohlenhydratarmen Ernährung zu verinnerlichen. Statt ins kalte Wasser geworfen zu werden, heißen Sie hier neue Geschmackserlebnisse willkommen, die auch mit wenigen Kohlenhydraten keine Kompromisse zu ihren bisherigen Lieblingsgerichten darstellen.

Das erste Ziel ist dabei immer eine sichtbare Gewichtsabnahme zu realisieren und dauerhaft zu halten. Wichtig für die eigene Motivation ist es, durch die vorgestellten 50 Rezepte zum Abendessen selbst den Zusammenhang zwischen der Ernährung, dem Stoffwechsel und der Gewichtsabnahme zu erkennen. Je tiefer diese Erkenntnis in das Bewusstsein vordringt, sinkt auch die Gefahr wieder in alte, ungesunde

Ernährungsmuster zurückzufallen. Den besten Beweis dafür liefert der 29 Jahre alte Informatiker Erik:

"Durch meine wechselnden Arbeitszeiten neigte ich dazu mich sehr ungesund zu ernähren. Als mit zunehmendem Gewicht auch die Beförderung ausblieb, entschloss ich mich mit Low Carb Rezepten meinen überflüssigen Kilos den Kampf anzusagen. Bereits nach zwei Wochen nahmen mich meine Kollegen und Vorgesetzten mit ganz anderen Augen wahr und lobten meinen Ehrgeiz. Die Beförderung war somit nur noch das Zweitbeste was mir dank der Gewichtsabnahme passiert ist."

Ob eine Beförderung, leichter Kontakt beim Flirten zu finden oder öffentlichen Anfeindungen zu entgehen, der Verlust von Gewicht ist immer auch mit weiteren Hoffnungen verbunden. Damit diese Hoffnungen zu einer Realität werden ist die Low Carb Ernährung ideal. Denn Ernährung wird nicht zu einem Tabu, was sich positiv auf das Verhältnis zum Essen auswirkt. Anstatt jede Mahlzeit als potenziellen Dickmacher zu betrachten, werden kohlenhydratarme Mahlzeiten ganz bewusst zur Gewichtsreduzierung eingesetzt. Diese positive Assoziation stärkt die Motivation und hilft die ersten kritischen Tage zu überstehen, bis sich die deutlichen Ergebnisse auch auf der Waage widerspiegeln. Innerhalb von nur 2 Wochen wird das eigene Spiegelbild endlich wieder zu einem Verbündeten als einem täglichen Feindbild.

Nutzen auch Sie jetzt Ihre Chance auf ein gesünderes Leben und kochen Sie sich einfach schlank und fit. Die 50 vorgestellten Rezepte bieten für jeden Geschmack eine genaue Anleitung oder Inspiration Zutaten nach dem eigenen Geschmack zu ergänzen. Greifen Sie jetzt zu, um zu erfahren wie Rosenkohlchips ihren gemütlichen Fernsehabend abrunden oder Sie bei der Herstellung von Pommes demnächst getrost auf Kartoffeln verzichten können. Diese und viele weitere Rezepte erwarten Sie, wenn Sie jetzt aktiv werden und den ersten Schritt auf dem Weg zu mehr Selbstbewusstsein und einem anderen Körperbewusstsein gehen.

Vegetarische Gerichte

Gefüllter Zucchini mit Schafskäse

Zeit: 45 Minuten
Schwierigkeitsgrad: Mittel

Nährwertangaben pro Person:
Kalorien: 294 kcal
Fett: 19,8 g
Eiweiß: 17,8 g
Kohlenhydrate: 9,2 g

Zutaten für 4 Personen:

- 2 große Zucchini
- 300 g Ziegenkäse
- 1 Granatapfel
- 1 Limette
- 1 rote Zwiebel
- 1 EL Honig
- Olivenöl
- Salz und Pfeffer zum Würzen

Zubereitung:

1. Die Zucchini waschen und halbieren. Mit Hilfe eines Löffels die Kerne entfernen, damit genug Platz zum Befüllen entsteht. Dabei vorsichtig agieren, um die Schale nicht zu beschädigen und ausreichend Fruchtfleisch zurückzulassen. Nun die Zucchinihälften auf einem Backblech platzieren und mit etwas Olivenöl bestreichen sowie mit Salz und Pfeffer würzen. In den auf 175° vorgeheizten Ofen schieben und dort für 20 Minuten backen.

2. In der Zwischenzeit kann die Füllung vorbereitet werden. Dazu die Schale der Limette abreiben und gemeinsam mit dem Saft in eine Schale füllen. Nun den Granatapfel mit der Handfläche über die Arbeitsfläche rollen und danach halbieren. Die Kerne sind dadurch vorgelockert und lassen sich leichter entfernen. Dafür nur mit einem Löffel oder Messer auf die Schale klopfen und die Kerne auf einem Teller auffangen. Die weißen Hautstellen entfernen und die Kerne zur Limette geben.
3. Den Käse je nach Konsistenz einfach mit den Fingern in kleine Stücke reißen und mit Limette und Granatapfel vermischen. Die rote Zwiebel in feine Würfel schneiden und ebenfalls in die Schüssel geben. Diese Füllung mit dem Honig und etwas Olivenöl marinieren. Nach Belieben mit Salz und Pfeffer sowie frischen Kräutern abschmecken.
4. Nach der Garzeit das Backblech mit den Zucchini aus dem Ofen nehmen und kurz etwas abkühlen lassen. Die Füllung nach etwa 5 Minuten in den Hälften verteilen und das Ganze für weitere 10 Minuten auf 175° weitergaren. Die Zucchini danach auf Tellern oder einer Platte anrichten und noch warm servieren.

Artischockenpfanne

Zeit: 15 Minuten
Schwierigkeitsgrad: Leicht

Nährwertangaben pro Person:
Kalorien: 71 kcal
Fett: 3 g
Eiweiß: 6 g
Kohlenhydrate: 5,3 g

Zutaten für 4 Personen:

- 600 g braune Champignons
- 1 Dose Artischockenherzen
- 1 rote Zwiebel
- 1 Knoblauchzehe
- Olivenöl
- Salz und Pfeffer zum Würzen

Zubereitung:

1. Die Artischockenherzen in einem Sieb abtropfen lassen. Im Anschluss die Pilzen mit Hilfe einer Bürste von Erdanhaftungen befreien. Die Champignons dann nach Belieben in Scheiben schneiden oder einfach halbieren oder vierteln. Zum Schluss der Vorbereitung nur noch die rote Zwiebel und den Knoblauch fein würfeln.
2. Eine Pfanne mit etwas Olivenöl auf dem Herd erhitzen und zuerst die Champignons anbraten. Diese so schwenken, dass alle glatten Oberflächen eine gleichmäßige Bräunung aufweisen. Dann die Artischocken hinzufügen und diese bei mittlerer Temperatur langsam erwärmen. Nach Belieben mit Salz und Pfeffer würzen oder mit frischen Kräutern garnieren. Diese Gemüsemischung lässt sich zudem sehr gut auf dem Grill zubereiten. Dafür einfach alle Zutaten in Alufolie einschlagen und für etwa 15 Minuten am Rand des Grills langsam garen lassen.

Spargelpasta mit Walnusspesto

Zeit: 20 Minuten
Schwierigkeitsgrad: Mittel

Nährwertangaben pro Person:
Kalorien: 310 kcal
Fett: 24,4 g
Eiweiß: 11,6 g
Kohlenhydrate: 8,5 g

Zutaten für 4 Personen:

- 1 kg Spargel
- 50 g Parmesan
- 50 g Walnüsse
- 1 Bund Petersilie
- 1 Zitrone
- 50 ml Olivenöl
- Salz und Pfeffer zum Würzen

Zubereitung:

1. Zuerst das Pesto vorbereiten und dafür die Walnusskerne in einen Mixer geben. Nun die Petersilie mit den Stielen grob hacken und ebenfalls hinzufügen. Zum Schluss auch den Parmesan zerkleinern und in den Mixer geben. Etwas Olivenöl hinzufügen und die Mischung langsam zu einem Pesto verarbeiten. Bei Bedarf noch etwas Olivenöl hinzufügen, damit das Pesto cremiger wird. Für weniger Kalorien erzielen auch ein oder zwei EL Wasser die gleiche Wirkung. Das Pesto nun mit Salz und Pfeffer abschmecken und im Kühlschrank ziehen lassen, damit sich die einzelnen Aromen optimal miteinander verbinden.
2. Im zweiten Schritt die Pasta zubereiten und dafür den Spargel zuerst schälen. Im Anschluss mit dem Sparschäler der Länge nach in feine Streifen schneiden. Diese mit etwas Öl zusammen in einer Pfanne anbraten oder in einem Topf mit Wasser, Salz und Zitrone

für etwa 5 Minuten kochen. Bei der Pfannenvariante ähnelt der Spargel mehr echter Pasta und ist insgesamt aromatischer.

3. Die Spargelpasta auf Tellern anrichten und mit dem Pesto garnieren. Sowohl warm als auch lauwarm ein sommerlich leichter Genuss.

Rote Bete Carpaccio

Zeit: 35 Minuten
Schwierigkeitsgrad: Leicht

Nährwertangaben pro Person:
Kalorien: 171 kcal
Fett: 10,6 g
Eiweiß: 9 g
Kohlenhydrate: 8,7 g

Zutaten für 4 Personen:

- 2 frische Kugeln rote Bete
- 75 g Parmesan
- ½ Bund Petersilie
- Balsamicoessig
- Olivenöl
- Salz und Pfeffer zum Würzen

Zubereitung:

1. Die rote Bete in einem Topf mit Wasser bedecken und etwa 30 Minuten kochen. Danach abkühlen lassen und in hauchdünne Scheiben schneiden. Dafür am besten Einmalhandschuhe verwenden, um ein Verfärben der Hände zu vermeiden. In vielen Supermärkten werden zudem bereits fertig gegarte rote Bete Kugeln angeboten, welche bereits geschält sind und somit einige Arbeitsschritte erleichtern.
2. Die Scheiben auf Tellern oder einer Platte anrichten. Danach in einer Schüssel zu gleichen Teilen Öl und Balsamicoessig mischen.

Das Dressing mit Salz und Pfeffer abschmecken und im Anschluss über der roten Bete großzügig verteilen.

3. Als letzten Schritt die Petersilie hacken und den Parmesan in Streifen hobeln. Beides über der roten Bete verteilen und entweder im Kühlschrank lagern oder sofort servieren.

Porreepfanne mit Tofu

Zeit: 25 Minuten
Schwierigkeitsgrad: Leicht

Nährwertangaben pro Person:
Kalorien: 111 kcal
Fett: 6,1 g
Eiweiß: 8,5 g
Kohlenhydrate: 4,7 g

Zutaten für 4 Personen:

- 300 g Tofu
- 2 Stangen Porree
- 1 grüne Paprika
- 1 Knoblauchzehe
- 100 ml Gemüsebrühe
- Sojasauce
- Öl

Zubereitung:

1. Den Tofu würfeln und den Porree in feine Ringe schneiden. Als nächsten Schritt der Vorbereitung die Paprika ebenfalls würfeln.
2. Eine Pfanne oder den Wok mit etwas Öl erhitzen und darin die gepresste Knoblauchzehe geben. Zuerst den Tofu hinzufügen und mit dem Knoblauch aromatisieren. Danach Lauch und Paprika hinzufügen und unter Rühren für etwa 5 Minuten andünsten. Die Hitze nach dieser Zeit verringern.

3. Die Gemüsebrühe hinzufügen und mit der Sojasauce würzen. Das Ganze für weitere 5 Minuten einkochen lassen und noch warm servieren.

Blumenkohlrösti

Zeit: 25 Minuten
Schwierigkeitsgrad: Leicht

Nährwertangaben pro Person:
Kalorien: 174 kcal
Fett: 13,6 g
Eiweiß: 5,2 g
Kohlenhydrate: 6,3 g

Zutaten für 4 Personen:
- 1 Blumenkohl
- Currypulver
- 200 g Kefir
- 100 g Creme Fraiche
- ½ Bund Frühlingszwiebeln
- Öl
- Salz und Pfeffer zum Würzen

Zubereitung:
1. Den Blumenkohl im Ganzen in einem Topf mit Salzwasser für etwa 10 Minuten kochen. Die Garzeit kann variieren, jedoch sollte der Blumenkohl in jedem Fall noch biss- und schnittfest sein.
2. Den Blumenkohl in einem Sieb abtropfen lassen und mit einem Brotmesser in etwa 1,5 cm große Scheiben schneiden. Diese mit Salz und Pfeffer in einer Pfanne von beiden Seiten goldbraun anbraten.
3. Für den Dip den Kefir und Creme Fraiche in eine Schüssel geben und mit etwas Currypulver verrühren. Nach Belieben Salz, Pfeffer und Öl hinzufügen, um dem Dip mehr Geschmack zu verleihen.

Zuletzt noch die Frühlingszwiebeln klein schneiden und ebenfalls in den Dip geben. Den Blumenkohlrösti auf einem Teller anrichten und den Dip darauf verteilen oder getrennt servieren.

Gemüseauflauf

Zeit: 35 Minuten
Schwierigkeitsgrad: Leicht

Nährwertangaben pro Person:
Kalorien: 219 kcal
Fett: 17,1 g
Eiweiß: 3,9 g
Kohlenhydrate: 10,2 g

Zutaten für 4 Personen:

- 1 Aubergine
- 1 Zucchini
- 2 gelbe Paprika
- 1 Gemüsezwiebel
- 2 Knoblauchzehen
- 10 Blätter Basilikum
- 3 Zweige Thymian
- 150 g Creme Fraiche
- 200 ml Gemüsebrühe
- 2 EL Tomatenmark
- Öl
- Salz und Pfeffer zum Würzen

Zubereitung:

1. Zucchini und Aubergine waschen und in mundgerechte Stücke schneiden. Die Paprikas entkernen und in Streifen schneiden. Das Gemüse in einer Schüssel mischen und kurz an die Seite stellen.
2. Die Zwiebel in feine Ringe schneiden und den Knoblauch pressen und beide Zutaten in einer Pfanne mit etwas Öl glasig andünsten. Das vorbereitete Gemüse hinzufügen und ebenfalls für 5 Minuten andünsten. In dieser Zeit ein Auflaufform bereitstellen und das Gemüse nach der Garzeit darin verteilen.
3. In der Pfanne nun etwa 2 EL Olivenöl erhitzen und das Tomatenmark darin erhitzen. Mit der Gemüsebrühe ablöschen und für etwa 5 Minuten bei mittlerer Hitze reduzieren. Kurz vor Ende dieser Zeit mit Salz und Pfeffer abschmecken.
4. Die Sauce über das Gemüse verteilen und mit einem Löffel durchmischen. Bei 175° für 20 Minuten backen und vor dem Servieren mit Basilikum und Thymian würzen sowie mit dem Creme Fraiche garnieren.

Brokkolifrittata

Zeit: 25 Minuten
Schwierigkeitsgrad: Leicht

Nährwertangaben pro Person:
Kalorien: 421 kcal
Fett: 32,1 g
Eiweiß: 22,1 g
Kohlenhydrate: 7,8 g

Zutaten für 4 Personen:

- 500 g Brokkoli
- 6 Eier
- 200 ml Sahne
- 100 ml Milch
- 50 g Parmesan
- 1 Prise Muskatnuss
- Salz und Pfeffer zum Würzen

Zubereitung:

1. Den Brokkoli in kleine Röschen schneiden. Den Stiel nicht entsorgen, sondern von der Schale und den holzigen Stellen befreien und den Rest fein würfeln. Eine ofenfeste Pfanne bereitstellen und darin den Brokkoli verteilen.
2. Nun Eier, Sahne und Milch in eine Schüssel geben und mithilfe eines Schneebesens verrühren. Diese Mischung mit einer Prise Muskat sowie Salz und Pfeffer würzen und ebenfalls in der Pfanne verteilen. Der Brokkoli sollte dabei immer mit der flüssigen Eimasse ganz bedeckt sein.
3. Im auf 175° vorgeheizten Ofen für 25-30 Minuten backen. Etwa 10 Minuten vor Ende der Garzeit den Parmesan hobeln und über der Frittata verteilen. Nach Möglichkeit noch warm servieren.
4.

Mandel-Gemüse-Curry

Zeit: 30 Minuten
Schwierigkeitsgrad: Leicht

Nährwertangaben pro Person:
Kalorien: 228 kcal
Fett: 16,6 g
Eiweiß: 9 g
Kohlenhydrate: 10 g

Zutaten für 4 Personen:

- 250 g Kohlrabi
- 250 g Brokkoli
- 100 g blanchierte Mandeln
- 2 grüne Paprikas
- 1 Zitrone
- 250 ml Kokosmilch
- 2 EL Currypaste
- Öl
- Salz und Pfeffer zum Würzen

Zubereitung:

1. Das Gemüse schälen und in mundgerechte Stücke schneiden. Zusammen in eine Schüssel geben und gut vermischen. Im Anschluss in einer Pfanne die blanchierten Mandeln ohne die Zugabe von Öl leicht anrösten und in eine zweite Schüssel geben.
2. Öl in die Pfanne geben und das Gemüse darin andünsten. Die Kokosmilch sowie die Currypaste hinzufügen und alles bei kleiner Hitze für etwa 20 Minuten bissfest kochen. Vor dem Servieren mit dem Zitronensaft sowie Salz und Pfeffer abschmecken und die Mandeln für etwa 5 Minuten mitkochen.

Champignonauflauf

Zeit: 45 Minuten
Schwierigkeitsgrad: Leicht

Nährwertangaben pro Person:
Kalorien: 242 kcal
Fett: 15,8 g
Eiweiß: 20,2 g
Kohlenhydrate: 8,8 g

Zutaten für 4 Personen:

- 250 g Blumenkohl
- 250 g Brokkoli
- 300 g Quark
- 250 g weiße Champignons
- 250 g braune Champignons
- 4 Eier
- 1 TK Kräutermischung nach Geschmack
- 1 Prise Muskat
- Salz und Pfeffer zum Würzen

Zubereitung:

1. Den Blumenkohl und Brokkoli in Röschen schneiden und in etwas Salzwasser für etwa 10 Minuten vorgaren. Danach das Gemüse in einem Sieb gut abtropfen lassen. Nun das Ganze mit den Champignons in einer Pfanne mit einem TL Öl wiederholen und beides in eine Schüssel füllen.
2. Im Anschluss in einer zweiten Schüssel zuerst Quark und Eier verrühren. Dann jeweils eine Prise Muskat, Salz und Pfeffer dazu geben und zum Schluss auch die aufgetauten Kräuter hinzufügen. Alles so lange mit einem Schneebesen verrühren, bis sich alle Zutaten optimal verteilt haben.
3. Eine Auflaufform bereitstellen und darin zuerst das Gemüse verteilen. Dann die Quarkmasse darüber verteilen und leicht mit

einem Löffel durchziehen, damit die Sauce auch den Boden erreicht. In den auf 180° C vorgeheizten Ofen stellen und dort für 30 Minuten backen. In Stücke teilen und entweder noch warm oder auch bereits abgekühlt servieren.

Suppen und Salate

Schwarzwurzelsalat mit Ziegenkäse

Zeit: 20 Minuten
Schwierigkeitsgrad: Mittel

Nährwertangaben pro Person:
Kalorien: 255 kcal
Fett: 17,2 g
Eiweiß: 16,3 g
Kohlenhydrate: 6,8 g

Zutaten für 4 Personen:

- 500 g Schwarzwurzeln
- 250 g Ziegenkäse
- 2 Chicorées
- 1 Zitrone
- 1 EL Schnittlauch
- Sherryessig
- Öl
- Salz und Pfeffer zum Würzen

Zubereitung:

1. Die Schwarzwurzeln schälen und unter laufendem Wasser von Erdanhaftungen befreien. Zum Schälen besser Einmalhandschuhe verwenden, da die Schwarzwurzeln sehr stark kleben können.
2. Die Schwarzwurzeln im Anschluss in einer Pfanne mit etwa Öl anbraten. Das überschüssige Öl mit Hilfe von Haushaltsrolle

aufsaugen und die Schwarzwurzeln danach in eine Salatschüssel geben.

3. Den Chicorée in Stücke schneiden und ebenfalls in der Pfanne andünsten. In die Schüssel geben und mit einem Salatbesteck gut vermengen. Danach den Ziegenkäse in 1 cm große Würfel zerteilen und beide Zutaten mit den Schwarzwurzeln vermengen.
4. Für das Dressing zu gleichen Teilen Öl und Sherryessig mischen und mit Salz und Pfeffer abschmecken. Das Dressing mit dem Schnittlauch über dem Salat verteilen und alles gut vermischen. Die Aromen verteilen sich am besten, wenn der Salat lauwarm serviert wird.

Petersilienwurzelsalat mit Bratwurst

Zeit: 40 Minuten
Schwierigkeitsgrad: Mittel

Nährwertangaben pro Person:
Kalorien: 310 kcal
Fett: 23 g
Eiweiß: 13,6 g
Kohlenhydrate: 10,4 g

Zutaten für 4 Personen:

- 500 g Petersilienwurzel
- 300 g Nürnberger Bratwurst
- 1 Fenchelknolle
- 1 Zwiebel
- 5 EL Orangensaft
- Essig
- Honig
- Öl
- Salz und Pfeffer zum Würzen

Zubereitung:

1. Die Petersilienwurzeln schälen und in Bratkartoffelgroße Scheiben schneiden. Diese in einem Topf mit Salzwasser bedecken und etwa für 20 Minuten kochen lassen. Die Petersilienwurzel in einem Sieb abtropfen lassen und kurz beiseite stellen.
2. Nun den Fenchel in feine Scheiben hobeln und mit etwas Salz und Pfeffer würzen und in eine Schüssel geben. Danach die Zwiebel schälen und ebenfalls in Streifen schneiden.
3. In einer Pfanne mit Öl zuerst die Zwiebeln glasig andünsten und dann die Petersilienwurzel darin anbraten. Diese Mischung zu dem Fenchel geben und die Bratwurst ebenfalls kurz in der Bratpfanne anbraten und zum Salat geben.
4. Für das Dressing zu gleichen Teilen Essig, Öl und Orangensaft mischen und nach Belieben mit Honig sowie Salz und Pfeffer würzen. Das Dressing über dem Salat verteilen und gut durchmischen.

Grünkohlsalat

Zeit: 20 Minuten
Schwierigkeitsgrad: Leicht

Nährwertangaben pro Person:
Kalorien: 241 kcal
Fett: 15,9 g
Eiweiß: 15,1 g
Kohlenhydrate: 7,6 g

Zutaten für 4 Personen:

- 600 g Grünkohl
- 100 g Rucola
- 50 g Pinienkerne
- 30 g Parmesan
- 2 Eigelbe
- 1 Knoblauchzehe
- 2 EL Senf
- Öl
- Salz und Pfeffer zum Würzen

Zubereitung:

1. Den Grünkohl in Stücke schneiden und in heißem Salzwasser für 4 Minuten garen. In einem Sieb abtropfen lassen und kurz beiseite stellen.
2. Knoblauch und Rucola gemeinsam mit dem Parmesan und den Pinienkernen in einen Mixer mit Hilfe von Öl zu einem Pesto verarbeiten. 1 TL Senf hinzufügen und nach Belieben mit Salz, Pfeffer oder Honig verfeinern. Das Pesto über dem Grünkohl verteilen und alles vor dem Servieren gut miteinander vermischen.

Eiersalat mit Sardellendressing

Zeit: 20 Minuten
Schwierigkeitsgrad: Leicht

Nährwertangaben pro Person:
Kalorien: 229 kcal
Fett: 16,1 g
Eiweiß: 13,3 g
Kohlenhydrate: 5,8 g

Zutaten für 4 Personen:

- 500 g Radicchio
- 6 Eier
- 150 g saure Sahne
- 75 g Joghurt
- 1 Zitrone
- 20 Kapern
- 2 Sardellen
- Salz und Pfeffer zum Würzen

Zubereitung:

1. Die Eier in einem Eierkocher oder einem Topf hart kochen. Abkühlen lassen, pellen und in Würfel schneiden. Diese in eine Schüssel geben.
2. Joghurt, saure Sahne, Zitronensaft und Sardellen in einem Mixer zu einem Dressing mischen. Dieses mit Salz und Pfeffer abschmecken und die Kapern hinzufügen.
3. Den Salat in mundgerechte Stücke schneiden und mit den Eiern vermischen. Darüber das Dressing verteilen und alles gut miteinander vermengen. Auf Tellern anrichten oder kühlstellen und auf das Eintreffen der Gäste warten.

Papayasalat mit Blauschimmelkäse

Zeit: 20 Minuten
Schwierigkeitsgrad: Leicht

Nährwertangaben pro Person:
Kalorien: 181 kcal
Fett: 11,5 g
Eiweiß: 9,6 g
Kohlenhydrate: 8,3 g

Zutaten für 4 Personen:

- 2 Chicorées
- 1 Papaya
- 1 Mango
- 1 Grapefruit
- 150 g Blauschimmelkäse
- Himbeeressig
- Öl
- Salz und Pfeffer zum Würzen

Zubereitung:

1. Papaya und Mango würfeln und in eine Salatschüssel geben. Nun die Grapefruit schälen und mit einem Messer an den einzelnen Häuten entlang kleine Filets herausschneiden und mit dem übrigen Obst vermischen. Wer es gerne einfacher mag, kann auch eine Dose mit Mandarinen oder Orangen verwenden. Bei diesen ist die Haut bereits entfernt, was bei der Zubereitung etwas Zeit spart. Der Inhalt der Dose sollte jedoch ungezuckert sein, um den Vorgaben der Low Carb Ernährung zu entsprechen.
2. Den Chicorée in Streifen sowie den Blauschimmelkäse in Würfel schneiden und in der Salatschüssel mit den übrigen Zutaten mischen. Für das Dressing Himbeeressig und Öl zu gleichen Teilen mischen und mit Salz und Pfeffer abschmecken. Über dem Salat verteilen und vor dem Servieren etwa 15 Minuten marinieren lassen, damit die Aromen optimal zur Geltung kommen.

Möhrensuppe mit Hähnchenspießen

Zeit: 30 Minuten
Schwierigkeitsgrad: Leicht

Nährwertangaben pro Person:
Kalorien: 123 kcal
Fett: 3,8 g
Eiweiß: 11,9 g
Kohlenhydrate: 9,4 g

Zutaten für 4 Personen:

- 400 g Möhren
- 200 g Hähnchenfilets
- 1 Gemüsezwiebel
- 30 g Ingwer
- 600 ml Gemüsebrühe
- Öl
- Salz und Pfeffer zum Würzen

Zubereitung:

1. Die Zwiebel schälen und in feine Würfel schneiden. Das Gleiche beim Ingwer wiederholen und beides mit etwas Öl in einem Topf bei mittlerer Hitze langsam glasig andünsten.
2. In der Zwischenzeit die Möhren schälen und entweder würfeln oder in dünne Scheiben schneiden. Diese in den Topf hinzufügen und ebenfalls für 5 Minuten andünsten.
3. Die Hähnchenfilets würzen und auf Spieße stecken. Von beiden Seiten anbraten und beim Servieren auf den Teller legen.
4. Das Gemüse mit der Brühe ablöschen und alles für 20 Minuten kochen lassen. Nun einen Mixstab zur Hand nehmen und danach die Suppe so lange pürieren bis die gewünschte Konsistenz erreicht wird. Nach Belieben im Anschluss mit Salz und Pfeffer abschmecken. Wer es gerne etwas schärfer mag, kann statt gemahlenem Pfeffer auch Pfefferkörner verwenden. Im Gegenzug

verleiht Kokosmilch der Suppe eine exotische Note, die gut zu einem Sommerabendessen passt.

Tomatensuppe mit Parmesanchips

Zeit: 25 Minuten
Schwierigkeitsgrad: Mittel

Nährwertangaben pro Person:
Kalorien: 119 kcal
Fett: 8,4 g
Eiweiß: 9,8 g
Kohlenhydrate: 8,2 g

Zutaten für 4 Personen:

- 500 g passierte Tomaten
- 150 ml Gemüsebrühe
- 75 g Parmesan
- 1 Dose Pizzatomaten
- 1 EL Tomatenmark
- 2 Knoblauchzehen
- 15 Basilikumblätter
- Öl
- Salz und Pfeffer zum Würzen

Zubereitung:

1. Ein Backblech mit Backpapier auslegen und dort den geriebenen Parmesan als kleine Haufen anordnen. In den auf 200° vorgeheizten Backofen geben und dort für etwa 10 Minuten backen. Das Backblech aus dem Ofen entfernen und die Parmesanchips komplett auskühlen lassen. Der Käse härtet dann aus und lässt sich wie Chips verwenden.
2. Für die Suppe die Knoblauchzehen schälen und pressen. Diese mit etwas Öl in einem Topf andünsten. Die passierten sowie stückigen Tomaten hinzufügen. Gemeinsam mit der Gemüsebrühe für etwa

10 Minuten bei mittlerer Hitze köcheln lassen. Danach mit dem Tomatenmark sowie Gewürzen je nach Geschmack abschmecken.

3. Die Basilikumblätter zupfen und grob hacken. Die Suppe dann auf Teller füllen und mit den Parmesanchips dekorieren. Für eine typisch italienische Note kann der Parmesan vor dem Backen auch mit frischem Thymian gemischt werden.

Champignoncremesuppe

Zeit: 25 Minuten
Schwierigkeitsgrad: Leicht

Nährwertangaben pro Person:
Kalorien: 112 kcal
Fett: 8,5 g
Eiweiß: 8,8 g
Kohlenhydrate: 3,8 g

Zutaten für 4 Personen:

- 350 g braune Champignons
- 125 g Hüttenkäse
- 500 ml Gemüsebrühe
- 100 ml Milch
- 1 Gemüsezwiebel
- 2 EL Kräuterfrischkäse
- 1 EL Schnittlauch
- 1 EL Petersilie
- Öl
- Salz und Pfeffer zum Würzen

Zubereitung:

1. Die Champignons mit einer kleinen Bürste von der Erde befreien und in Scheiben schneiden. In einem Topf mit 1 TL Öl anbraten bis diese Röstaromen aufweisen, aber nicht angebrannt sind. Die

Champignons dann aus dem Topf entfernen und in einer Schüssel kurz beiseite stellen.

2. Die Zwiebel schälen und in feine Würfel schneiden. Diese mit etwas Öl im Topf andünsten bis die Zwiebeln glasig sind. Die Champignons wieder hinzufügen und mit der Gemüsebrühe ablöschen. Für 5 Minuten kochen lassen.
3. Den Hüttenkäse hinzufügen und unter Rühren bei mittlerer Hitze langsam schmelzen lassen. Im Anschluss Milch und Frischkäse hinzufügen und ebenfalls mit einem Kochlöffel langsam einrühren. Die Suppe dann je nach Geschmack pürieren oder so belassen. Für das Pürieren etwas Gemüsebrühe oder Milch bereithalten, falls die Suppe zu dick ist.
4. Schnittlauch und Petersilie dazugeben sowie nach Belieben mit Salz und Pfeffer abschmecken. Die Suppe noch warm servieren, da so die Aromen am besten zur Geltung kommen.

Selleriesuppe

Zeit: 25 Minuten
Schwierigkeitsgrad: Leicht

Nährwertangaben pro Person:
Kalorien: 268 kcal
Fett: 23,7 g
Eiweiß: 3,9 g
Kohlenhydrate: 7,4 g

Zutaten für 4 Personen:

- 2 Sellerieknollen
- 2 Petersilienwurzeln
- 1 Stange Porree
- 1 Liter Gemüsebrühe
- 100 g Butter
- Salz und Pfeffer zum Würzen

Zubereitung:

1. Porree in Ringe schneiden sowie die Petersilienwurzel und den Sellerie fein würfeln. In einem Topf mit der Gemüsebrühe bedecken und für 20 Minuten auf dem Herd kochen lassen. Die Hitze dabei nicht zu hoch einstellen. Nach dem Aufkochen die Hitze daher etwas reduzieren.
2. Die Suppe danach pürieren und die Butter hinzufügen. Bei Bedarf die Suppe noch mit Gemüsebrühe strecken, bis die gewünschte Konsistenz erreicht ist. Die Suppe vor dem Servieren mit Salz und Pfeffer abschmecken. Für eine schärfere Note etwas Ingwer oder Chilipulver hinzufügen.

Hühnersuppe

Zeit: 150 Minuten
Schwierigkeitsgrad: Leicht

<u>Nährwertangaben pro Person:</u>
Kalorien: 555 kcal
Fett: 39,2 g
Eiweiß: 39,8 g
Kohlenhydrate: 10,6 g

<u>Zutaten für 4 Personen:</u>

- 1 Suppenhuhn
- 1 Gemüsezwiebel
- 6 Möhren
- 2 Stangen Porree
- 1 Sellerieknolle
- 1 Bund Petersilie
- 3 Frühlingszwiebeln
- Wacholderbeeren
- Lorbeerblätter
- Hühnerbrühe
- Salz und Pfeffer zum Würzen

Zubereitung:

1. Das Suppenhuhn zuerst unter fließendem Wasser reinigen und dann in einen Topf geben. Mit kaltem Wasser bedecken und Gewürze wie etwa Wacholderbeeren hinzufügen. Das kalte Wasser sorgt dafür, dass die Suppe klar bleibt und keine Trübstoffe entstehen. Zuerst aufkochen und dann für 60 Minuten auf mittlerer Hitze kochen.
2. In der Zwischenzeit Sellerie, Möhren und Porree in grobe Stücke schneiden. Das Suppenhuhn aus dem Topf entfernen und gegen das Gemüse austauschen. Dieses ebenfalls für eine weitere Stunde bei mittlerer Hitze kochen.

3. In der Zwischenzeit das Fleisch vom Suppenhuhn entfernen. Nun auch die Petersilie sowie die Frühlingszwiebel schneiden und in eine Schüssel füllen. Das Gemüse sowie die Gewürze aus der Suppe entfernen und das überschüssige Fett auf der Oberfläche mit einem Schöpflöffel absieben. Die Brühe mit Gemüsebrühe sowie je nach Geschmack mit Salz und Pfeffer abschmecken. Das Hühnerfleisch, die Frühlingszwiebeln und die Petersilie in die Suppe geben und die Hitze ausstellen. Das übrig gebliebene gegarte Gemüse kann püriert werden und zum Beispiel mit Frischkäse für Aufläufe oder verfeinert mit Gemüsebrühe und Kokosmilch als Suppe weiterverarbeitet werden.

Fleisch und Geflügel

Selleriegratin

Zeit: 35 Minuten
Schwierigkeitsgrad: Leicht

Nährwertangaben pro Person:
Kalorien: 462 kcal
Fett: 35,5 g
Eiweiß: 25,8 g
Kohlenhydrate: 10,2 g

Zutaten für 4 Personen:

- 400 g Sellerie
- 400 g Kohlrabi
- 250 g gekochter Schinken
- 150 g geriebener Käse
- 300 ml Sahne
- 1 EL Schnittlauch
- Salz und Pfeffer zum Würzen

Zubereitung:

1. Sellerie und Kohlrabi schälen und von holzigen Stellen befreien. Diese Stellen sollten immer entfernt werden, da diese selbst nach dem Kochen nicht sehr appetitlich sind. Das Gemüse dann in mundgerechte Stücke schneiden. Diese in einem Topf mit Salzwasser für etwa 10 Minuten auf dem Herd vorgaren.
2. In der Zwischenzeit den Schinken in feine Würfel schneiden. In einem zweiten Topf die Sahne aufkochen und den geriebenen Käse darin langsam schmelzen lassen. Nach Belieben mit Salz und

Pfeffer würzen. Zum Abschluss den frischen Schnittlauch in Ringe schneiden und mit der Sauce vermischen.

3. Nun das vorgegarte Gemüse in einem Sieb abtropfen lassen und danach in einer Auflaufform mit dem gewürfelten Schinken vermengen. Die Käsesauce darüber verteilen und mit einem Löffel durchmischen. Die Auflaufform in den auf 175° vorgeheizten Ofen geben und dort für 15 Minuten zu Ende garen. Aufgrund des enthaltenen Käses den Auflauf immer warm servieren.

Gefüllte Hähnchenfilets

Zeit: 45 Minuten
Schwierigkeitsgrad: Mittel

Nährwertangaben pro Person:
Kalorien: 565 kcal
Fett: 27,5 g
Eiweiß: 65 g
Kohlenhydrate: 5,4 g

Zutaten für 4 Personen:

- 4 Hähnchenbrustfilets
- 500 g frischer Spinat
- 150 g Fetakäse
- 25 g Datteln
- 1 Zwiebel
- 1 Prise Muskat
- Salz und Pfeffer zum Würzen

Zubereitung:

1. Die Datteln grob hacken und gemeinsam mit dem Fetakäse in einem Mixer pürieren. Nun das Fleisch so einschneiden, dass jeweils eine befüllbare Tasche entsteht. Diese aufklappen und von innen und außen mit Salz und Pfeffer würzen. Die Dattelfüllung mit einem Löffel darauf verteilen und wieder einklappen.

2. Die Hähnchenbrüste in eine Auflaufform geben mit etwas Olivenöl beträufeln und in den auf 200° vorgeheizten Ofen schieben. Dort für etwa 30 Minuten backen. Wer eine fruchtige Beilage oder Sauce hinzufügen möchte, kann auch eine Dose Tomaten hinzufügen und diese mit Salz und Pfeffer würzen. Das hilft zudem, dass das Hähnchenfleisch nicht zu trocken wird.
3. Während der Garzeit kann die Beilage vorbereitet werden. Dafür den Spinat waschen und die Zwiebel in feine Würfel schneiden. Diese mit etwas Öl in einer Pfanne goldbraun andünsten. Den Spinat hinzufügen und ebenfalls für 3-4 Minuten bei mittlerer Hitze garen. Zum Schluss noch eine Prise Muskat hinzufügen und alles unter der konstanten Wärmezufuhr noch einmal verrühren.
4. Den Spinat auf den Tellern anrichten und die Hähnchenbrust darauf verteilen. Nun so warm wie möglich servieren.

Kalbsroulade

Zeit: 25 Minuten
Schwierigkeitsgrad: Mittel

Nährwertangaben pro Person:
Kalorien: 375 kcal
Fett: 18,5 g
Eiweiß: 45 g
Kohlenhydrate: 7,2 g

Zutaten für 4 Personen:

- 4 Kalbsschnitzel
- 4 Scheiben italienischer Schinken
- 4 Salbeiblätter
- 500 g Brokkoli
- 50 g Parmesan
- 300 ml Hühnerbrühe
- 100 ml Sahne
- 1 rote Zwiebel
- 1 TK Kräutermischung nach Wahl
- Öl
- Salz und Pfeffer zum Würzen

Zubereitung:

1. Die Kalbsschnitzel mit einem Fleischklopfer dünn ausklopfen. Ist dieser in der Küche nicht zu finden, kann auch eine Pfanne oder ein kleiner Topf mit Stiel dafür zweckentfremdet werden.
2. Das Fleisch dann mit Salz und Pfeffer würzen und jeweils eine Scheibe Schinken und ein Salbeiblatt darauf verteilen. Den Parmesan mit einem Hobel gleichmäßig auf allen vier Rouladen verstreuen. Die Rouladen dann einrollen und mit Hilfe von zwei Zahnstochern fixieren. Die Seiten dafür leicht einklappen, damit die Füllung nicht während des Kochens austritt.

3. Nun zuerst die Beilage vorbereiten und dafür den Brokkoli in Röschen schneiden. Diese in einem Topf mit Salzwasser bedecken und für etwa 20 Minuten kochen lassen bis das Gemüse bissfest ist.
4. Das Fleisch nun in einer mit Öl erhitzten Pfanne von allen Seiten anbraten. Das Fleisch danach kurz aus der Pfanne nehmen und die in feine Würfel geschnittene Zwiebel darin glasig andünsten. Die Sahne sowie die Brühe hinzufügen und beide kurz aufkochen lassen. Die Sauce dann mit den Kräutern und Gewürzen ganz nach Belieben abschmecken. Anschließend die Rouladen hinzufügen und für 15 Minuten auf mittlerer Hitze garen. Die Roulade immer wieder wenden, um einen gleichmäßige Garung zu garantieren.
5. In der Zwischenzeit den Brokkoli in einem Sieb abtropfen lassen und auf den bereitgestellten Tellern servieren. Die Rouladen sowie die Sauce hinzufügen und noch warm servieren.

Putensteaks mit grüner Salsa

Zeit: 25 Minuten
Schwierigkeitsgrad: Mittel

Nährwertangaben pro Person:
Kalorien: 250 kcal
Fett: 5,5 g
Eiweiß: 39,3 g
Kohlenhydrate: 9,3 g

Zutaten für 4 Personen:

- 4 Putensteaks
- 1 grüne Paprika
- 1 grüne Chili
- 1 Knoblauchzehe
- 1 Zitrone
- 2 EL Kapern
- 1 Bund Petersilie
- ½ Bund Koriander
- ½ Bund Basilikum
- ½ Bund Frühlingszwiebeln
- Öl
- Salz und Pfeffer zum Würzen

Zubereitung:

1. Zuerst die Salsa vorbereiten und dafür die Chili und die Paprika entkernen und in sehr feine Würfel schneiden. Für eine scharfe Salsa die Kerne mit in die Salsa geben, da diese die meiste Schärfe enthalten.
2. Die Gemüsewürfel in eine Schüssel geben und mit den Kapern mischen. Die Kräuter und Frühlingszwiebel ebenfalls hacken und der Salsa hinzufügen. Nun Olivenöl und den Saft einer Zitrone hinzufügen und alles sehr gut vermengen. Wer es gerne feiner mag, kann die Salsa natürlich auch mit einem Mixstab pürieren. Danach noch dem Knoblauch mit einer Presse ausdrücken und der Salsa

hinzufügen. Nach Belieben mit Salz und Pfeffer abschmecken. Die Salsa am besten für mehrere Stunden im Kühlschrank ziehen lassen, damit sich die Aromen verbinden.

3. Die Steaks unter Wasser abwaschen, mit Salz und Pfeffer würzen. Eine Pfanne mit Öl auf dem Herd erhitzen und die Steaks dort von beiden Seiten für etwa 4 Minuten anbraten. Sobald die optimale Hitze erreicht wurde und die Steaks von beiden Seiten goldgelb gebräunt sind, die Hitze reduzieren, damit das Fleisch nicht trocken wird. Das Fleisch auf Tellern anrichten und mit der grünen Salsa garnieren.

Hähnchenwokpfanne

Zeit: 30 Minuten
Schwierigkeitsgrad: Leicht

Nährwertangaben pro Person:
Kalorien: 268 kcal
Fett: 7,7 g
Eiweiß: 39,4 g
Kohlenhydrate: 8,5 g

Zutaten für 4 Personen:

- 600 g Hähnchenfleisch
- 250 g Champignons
- 4 Frühlingszwiebeln
- 1 Gemüsezwiebel
- 2 rote Paprika
- 2 Stangensellerie
- Sojasauce
- 100 ml Gemüsebrühe
- Asiatische Gewürzmischung
- Öl
- Pfeffer

Zubereitung:

1. Das Hühnerfleisch in mundgerechte Stücke schneiden. In eine Schüssel geben und mit etwas Öl sowie dem asiatischen Gewürzpulver und Pfeffer marinieren. Sollte die Gewürzmischung kein Salz enthalten, auch davon eine Prise hinzufügen.
2. In der Zwischenzeit das Gemüse vorbereiten. Die Paprika und Gemüsezwiebel in Streifen und den Staudensellerie sowie die Frühlingszwiebeln in Ringe schneiden. Die Champignons in Ringe schneiden und alle Zutaten in getrennten Schüsseln aufbewahren.
3. Einen Wok auf dem Herd mit etwas Öl erhitzen und darin zuerst die Gemüsezwiebeln anbraten. Sobald diese etwas Farbe bekommen haben, das marinierte Fleisch plus der Marinade hinzufügen. Das Fleisch ebenfalls goldbraun anbraten.
4. Nun das Gemüse nach der Garzeit hinzufügen. Dafür mit der Paprika und Staudensellerie anfangen und dann die Champignons und die Frühlingszwiebel hinzufügen und kurz mit der Gemüsebrühe ablöschen. Für 5 Minuten garen lassen und dann die Hähnchenpfanne mit der Sojasauce und Gewürzen nach Belieben abschmecken. Das Gericht entweder auf Teller verteilen oder dekorativ im Wok servieren.

Kohleintopf

Zeit: 35 Minuten
Schwierigkeitsgrad: Leicht

Nährwertangaben pro Person:
Kalorien: 86 kcal
Fett: 1,1 g
Eiweiß: 11 g
Kohlenhydrate: 7,5 g

Zutaten für 4 Personen:

- 1 kg Kohl (zum Beispiel Weißkohl oder Wirsing)
- 150 g Speckwürfel
- 1 Gemüsezwiebel
- 750 ml Gemüsebrühe
- Salz und Pfeffer zum Würzen

Zubereitung:

1. Den Kohl von Strunk und holzigen Stellen befreien und den Rest in mundgerechte Streifen schneiden. Die Gemüsezwiebel schälen, vierteln und ebenfalls in Streifen schneiden.
2. Die Speckwürfel in einen Topf geben und dort knusprig anbraten. Das enthaltene Fett macht die Zugabe von Öl unnötig. Im Anschluss die Zwiebeln hinzufügen und ebenfalls kurz glasig andünsten. Den Kohl in kleinen Portionen hinzufügen und dabei ständig rühren damit nichts ansetzt.
3. Dann mit der Gemüsebrühe ablöschen und kurz aufkochen lassen. Danach für weitere 20 Minuten den Kohl bei mittlerer Hitze kochen lassen. Kurz vor Ende der Kochzeit bei Bedarf mit Gewürzen oder frischen Kräutern den Eintopf nach eigenem Geschmack abrunden.

Schweinemedaillons

Zeit: 25 Minuten
Schwierigkeitsgrad: Leicht

Nährwertangaben pro Person:
Kalorien: 422 kcal
Fett: 25,2 g
Eiweiß: 42 g
Kohlenhydrate: 3,8 g

Zutaten für 4 Personen:
- 4 Schweinemedaillons
- 200 g Cherrytomaten
- 2 Staudensellerie
- 2 Knoblauchzehen
- Öl
- Salz und Pfeffer zum Würzen

Zubereitung:
1. Die Schweinemedaillons mit Salz und Pfeffer würzen. Eine Pfanne mit etwas Öl auf dem Herd erhitzen und darin die Schweinemedaillons für etwa 3 Minuten von jeder Seite goldbraun anbraten. Das Fleisch danach in Alufolie einhüllen und kurz auf einem Teller ruhen lassen.
2. Den Knoblauch schälen und pressen. Die Staudensellerie in Ringe schneiden sowie die Cherrytomaten halbieren. In der bereits erwärmten Pfanne zuerst den Knoblauch in etwas Öl anbraten. Danach den Staudensellerie hinzufügen und ebenfalls kurz mitdünsten. Zum Schluss die Tomaten hinzufügen und alles bei mittlerer Hitze für etwa 15 Minuten zu eine Sause einkochen lassen. Diese mit Salz und Pfeffer abschmecken. Kurz vor Ende der Garzeit die Schweinemedaillons in die Sauce geben und beides zusammen auf einem Teller oder der Pfanne servieren.

Rindersteak und grüne Gemüse

Zeit: 25 Minuten
Schwierigkeitsgrad: Leicht

Nährwertangaben pro Person:
Kalorien: 550 kcal
Fett: 28 g
Eiweiß: 61,5 g
Kohlenhydrate: 9,2 g

Zutaten für 4 Personen:

- 4 Rindersteaks
- 200 g Zuckerschoten
- 200 g grüner Spargel
- 1 Knoblauchzehe
- Öl
- Salz und Pfeffer zum Würzen

Zubereitung:

1. Das Fleisch mit Salz und Pfeffer würzen. Eine Pfanne mit Öl erhitzen und von beiden Seiten etwa 3 Minuten anbraten. Das Fleisch dann im Backofen auf 120° für weitere 5 Minuten erwärmen. Mit einer Schicht Kräuterbutter wird das Fleisch im Ofen sogar noch aromatischer.
2. In der Zwischenzeit das Gemüse waschen und den Knoblauch pressen. Der grüne Spargel muss nur von seinen holzigen Stellen befreit werden und kann mit der Schale zubereitet und verzehrt werden.
3. Den Knoblauch in der bereits benutzen Pfanne anbraten und dann das Gemüse hinzufügen. Je nach Größe der Pfanne den Spargel dafür einfach in Stücke schneiden. Für etwa 10 Minuten auf mittlerer Hitze garen und dann gemeinsam mit den Steaks auf zwei Tellern anrichten.

Rippchen

Zeit: 45 Minuten
Schwierigkeitsgrad: Leicht

Nährwertangaben pro Person:
Kalorien: 900 kcal
Fett: 49 g
Eiweiß: 97,5 g
Kohlenhydrate: 9,5 g

Zutaten für 4 Personen:

- 2 kg Rippchen
- 25 ml Ahornsirup
- 3 Knoblauchzehen
- 4 Zweige Thymian
- 4 Zweige Rosmarin
- Öl
- Salz und Pfeffer zum Würzen

Zubereitung:

1. Zuerst die Marinade vorbereiten und dafür in einer Schüssel Ahornsirup und Öl zu gleichen Teilen mischen. Diesem die Kräuter hinzufügen sowie die gepresste Knoblauchzehe. Alles gut miteinander vermischen und etwas durchziehen lassen.
2. Die Rippchen in Portionen teilen und in einem Gefrierbeutel füllen. Die Marinade hinzufügen und alles gut vermischen. Den Gefrierbeutel verschließen und für mehrere Stunden oder über Nacht marinieren lassen.
3. Vor dem Grillen die Rippchen noch mit Salz und Pfeffer würzen und anschließend für 35-40 Minuten auf dem Grill garen. Am besten warm genießen, da so die Aromen der Marinade ideal zur Geltung kommen.

Hachbällchen-Auflauf

Zeit: 40 Minuten
Schwierigkeitsgrad: Mittel

Nährwertangaben pro Person:
Kalorien: 561 kcal
Fett: 41 g
Eiweiß: 37 g
Kohlenhydrate: 7,5 g

Zutaten für 4 Personen:

- 500 g Hack
- 150 g geriebener Käse
- 1 Zwiebel
- 1 rote Paprika
- 1 grüne Paprika
- 1 Zucchini
- 100 ml Sahne
- 100 ml Milch
- Tomatenmark
- Paprikapulver
- Salz und Pfeffer zum Würzen

Zubereitung:

1. Zuerst die Hackbällchen vorbereiten und dafür das Hackfleisch mit etwas Paprikapulver sowie Salz und Pfeffer würzen. Nach Belieben können auch weitere Gewürze oder frische Kräuter nach Geschmack zugefügt werden. Die Hackmasse dann zu kleinen Bällchen formen und diese in eine Auflaufform geben. In den auf 200° vorgeheizten Ofen schieben und dort für 15 Minuten vorgaren.
2. In der Zwischenzeit das Gemüse schneiden. In einer Pfanne oder einem Topf zuerst die Zwiebel mit etwas Öl glasig anbraten und danach die Zucchini und Paprika hinzufügen. Beide Zutaten für 2-3 Minuten ebenfalls anbraten. Mit Sahne und Milch ablöschen und

kurz aufkochen lassen. Dann die Hitze reduzieren und das Tomatenmark einrühren bis eine cremige Sauce entsteht. Diese mit Paprika, Salz und Pfeffer abschmecken und für weitere 5 Minuten köcheln lassen.

3. Das Gemüse in der Auflaufform über den Hackbällchen verteilen und mit dem geriebenem Käse bestreuen. Bei 200° für weitere 15 Minuten in den Ofen schieben, bis der Käse goldbraun gebräunt ist. In der Form servieren oder auf Tellern anrichten und noch warm servieren.

Fischrezepte

Fischstäbchen

Zeit: 25 Minuten
Schwierigkeitsgrad: Mittel

Nährwertangaben pro Person:
Kalorien: 468 kcal
Fett: 43 g
Eiweiß: 14 g
Kohlenhydrate: 1,5 g

Zutaten für 4 Personen:

- 500 g Rotbarschfilet
- 100 g gemahlene Mandeln
- 2 Eier
- Öl
- Salz und Pfeffer zum Würzen

Zubereitung:

1. Den Fisch waschen und portionieren. Neben der bekannten Stäbchenform eignen sich auch Würfel oder andere Formen für das Panieren.
2. Nun zwei Teller bereitstellen. Auf einen die gemahlenen Mandeln füllen und auf den anderen die zwei Eier aufschlagen. Mit einer Gabel die Eier verrühren und mit Salz und Pfeffer würzen.
3. Die Fischstücke nun zuerst in der Eimasse und dann in den gemahlenen Mandeln wenden und von beiden Seiten gleichmäßig

panieren. Den Boden einer Pfanne mit Öl bedecken und diese erhitzen bis das Öl leicht anfängt zu rauchen. Dann den Fisch hinzufügen und von beiden Seiten gleichmäßig goldbraun ausbacken. Um die Garzeit von 3-4 Minuten pro Seite zu überprüfen, einfach ein Stück in der Mitte durchteilen und schon wird klar, ob die Garzeit ausreicht oder verlängert werden muss. Die Fischstäbchen schmecken sowohl warm als auch kalt und können daher gut für das Abendessen vorbereitet werden.

Lachsfilet mit Spinatsalat

Zeit: 25 Minuten
Schwierigkeitsgrad: Mittel

Nährwertangaben pro Person:
Kalorien: 325 kcal
Fett: 15,7 g
Eiweiß: 41 g
Kohlenhydrate: 3 g

Zutaten für 4 Personen:

- 4 Lachsfilets
- 400 g Babyspinat
- 100 g Rucola
- 1 Zitrone
- Sojasauce
- Öl
- Salz und Pfeffer nach Belieben

Zubereitung:

1. Den Spinat waschen. Danach trockene Blätter entfernen und den Spinat in einer Salatschleuder trocknen. Das Gleiche mit dem Rucola wiederholen und beides in eine Salatschüssel geben.

2. Für das Dressing den Saft einer Zitrone mit etwas Sojasauce und Öl vermischen. Mit Pfeffer und frischen Kräutern abschmecken und direkt über dem Salat verteilen.
3. Parallel die Lachsfilets zubereiten und diese dafür zuerst mit Salz und Pfeffer würzen. Im Anschluss Öl in einer Pfanne erhitzen und den Lachs darin zuerst auf der Hautseite anbraten. Erst wenn die Seiten gegart sind, die Filets umdrehen und auf der anderen Seite für etwa 90 Sekunden zu Ende garen.
4. Auf einem Teller zuerst den Spinatsalat anrichten und darauf den Lachs platzieren. Die Teller zeitnah servieren, damit der warme Lachs den Spinat nicht ebenfalls erwärmt.

Lachs mit Kürbisgemüse

Zeit: 30 Minuten
Schwierigkeitsgrad: Mittel

Nährwertangaben pro Person:
Kalorien: 327 kcal
Fett: 15,4 g
Eiweiß: 42,5 g
Kohlenhydrate: 4 g

Zutaten für 4 Personen:

- 500 g Kürbis
- 200 ml Gemüsebrühe
- 1 Gemüsezwiebel
- 4 Lachsfilets
- Öl
- Salz und Pfeffer zum Würzen

Zubereitung:

1. Den Kürbis je nach Sorte entweder schälen oder mit der Schale zubereiten. Dafür den Kürbis halbieren und mit einem Löffel die Kerne entfernen. Das verbleibende Fruchtfleisch dann in

mundgerechte Stücke schneiden. Danach die Gemüsezwiebel schälen, halbieren und in Streifen schneiden. Diese fallen beim Anbraten nicht auseinander und müssen daher nicht bereits vorher getrennt werden.

2. Einen Topf auf dem Herd mit etwas Öl erhitzen. Darin zuerst die Gemüsezwiebel glasig andünsten und dann den Kürbis für etwa 2 Minuten anbraten. Das Gemüse mit der Brühe ablöschen und für etwa 20 Minuten im geschlossenen Topf einkochen. Kurz vor Ende der Garzeit mit Salz und Pfeffer abschmecken.
3. Während der Garzeit das Lachsfilet zubereiten. Dafür zuerst die Lachsfilets ohne Haut von beiden Seiten mit Salz und Pfeffer würzen. Öl in einer Pfanne erhitzen und darin den Lachs von beiden Seiten etwa 5 Minuten von jeder Seite anbraten. Lachs und Gemüse auf einem Teller anrichten und noch warm servieren.

Ofenlachsfilet

Zeit: 25 Minuten
Schwierigkeitsgrad: Leicht

Nährwertangaben pro Person:
Kalorien: 325 kcal
Fett: 16,5 g
Eiweiß: 42,5 g
Kohlenhydrate: 4,3 g

Zutaten für 4 Personen:

- 4 Lachsfilets
- 2 Limetten
- 1 Bund Kerbel
- 12 Basilikumblätter
- Olivenöl
- Meersalz
- Weißer und Schwarzer Pfeffer

Zubereitung:

1. 4 Blätter Alufolie vorbereiten. Jeweils die Hälfte der Alufolie mit Olivenöl bestreichen und ein Lachsfilet pro Alufolie darauf verteilen. Diese mit Salz und den zwei Sorten Pfeffer würzen.
2. Den Kerbel hacken und auf die 4 Portionen verteilen. Eine Zitrone auspressen und die andere in Scheiben schneiden. Sowohl den Saft als auch die Zitrone ebenfalls gleichmäßig verteilen.
3. Die Alufolie so einschlagen das vier kleine Pakete entstehen. Diese auf einem Backblech platzieren und in dem auf 175° vorgeheizten Ofen für etwa 15 Minuten garen.
4. Die obere Aluschicht entfernen und jeweils 4 frischen Basilikumblätter auf dem Lachs platzieren. In der Alufolie auf einen Teller legen und noch warm servieren.

Thunfischfilet mit Gurkennudeln

Zeit: 25 Minuten
Schwierigkeitsgrad: Leicht

Nährwertangaben pro Person:
Kalorien: 363 kcal
Fett: 16,8 g
Eiweiß: 43,5 g
Kohlenhydrate: 6 g

Zutaten für 4 Personen:

- 4 Thunfischsteaks
- 1 Salatgurke
- 100 g Joghurt
- 1 Zitrone
- ½ Bund Dill
- Öl
- Schwarzer Pfeffer
- Meersalz

Zubereitung:

1. Die Thunfischsteaks mit Salz und Pfeffer würzen. Eine Pfanne mit Öl auf dem Herd erhitzen und den Thunfisch darin von beiden Seiten für etwa 2-3 Minuten anbraten. Danach die Platte ausstellen und den Thunfisch in Alufolie einschlagen.
2. Die Salatgurke schälen und halbieren. Die Hälften nochmals quer durchschneiden und mit einem Teelöffel die Kerne entfernen. Dann mit einem Sparschäler die Gurke in feine Streifen schneiden. Diese auf vier Teller verteilen und wie Nudeln anrichten.
3. Für das Dressing zuerst den Joghurt in einer Schüssel geben. Dann den Abrieb einer Zitrone sowie deren Saft hinzufügen. Den Dill hacken, zum Joghurt hinzufügen und alles miteinander vermischen. Das Dressing dann mit Salz und Pfeffer würzen.
4. Die Thunfischsteaks aus der Alufolie nehmen und gemeinsam mit dem Dressing auf den Tellern anrichten und zeitnah servieren.

Fisch in Senfsauce

Zeit: 20 Minuten
Schwierigkeitsgrad: Mittel

Nährwertangaben pro Person:
Kalorien: 666 kcal
Fett: 65 g
Eiweiß: 6,5 g
Kohlenhydrate: 9,5 g

Zutaten für 4 Personen:

- 750 g Kabeljau
- 50 g Butter
- 1 Liter Wasser
- 150 ml Sahne
- 4 Möhren
- 1 Stange Porree
- 1 Scheibe Sellerie
- 1 Zwiebel
- 1 Zitrone
- Mittelscharfer Senf
- Wachholderbeeren
- Lorbeerblätter
- Salz und Pfeffer zum Würzen

Zubereitung:

1. Porree, Möhren, Sellerie und Zwiebel fein würfeln und gemeinsam mit etwas Öl in einem Topf kurz andünsten. Mit einem Liter kalten Wasser ablöschen und etwa 4 Lorbeerblätter und Wachholderbeeren hinzufügen. Kurz aufkochen lassen und dann die Temperatur reduzieren. Für weitere 10 Minuten zu einem geschmackvollen Sud einkochen.

2. Den Sud vom Herd nehmen und den in grobe Stücke geschnittenen Fisch darin erwärmen. Dies benötigt je nach Dicke der Fischfilets etwa 10 Minuten. Den Fisch danach entnehmen und zum Beispiel in Alufolie warmhalten.
3. Einen halben Liter des Gemüsesuds auffangen und kurz durchsieben, damit kein Gemüse oder Gewürze enthalten ist. Langsam die Butter in kleinen Flöckchen hinzufügen und auflösen. Dann die Sahne zugießen und ebenfalls kurz einkochen lassen. Zum Schluss den Senf nach Belieben hinzufügen sowie mit Salz und Pfeffer abschmecken. Wenn die Sauce zu dünn ist, bei mittlerer Hitze einfach bis zur gewünschten Konsistenz reduzieren. Danach einige Spritzer Zitronensaft und den Fisch hinzufügen und noch warm servieren.

Fischsuppe

Zeit: 40 Minuten
Schwierigkeitsgrad: Mittel

Nährwertangaben pro Person:
Kalorien: 307 kcal
Fett: 20,3 g
Eiweiß: 21,6 g
Kohlenhydrate: 7,4 g

Zutaten für 4 Personen:

- 300 g Forellenfilet
- 100 g Kräuterfrischkäse
- 2 Liter Gemüsebrühe
- 3 Möhren
- 1 Stange Porree
- 1 Scheibe Sellerie
- 2 EL Petersilie
- 2 EL Schnittlauch
- Öl

- Salz und Pfeffer zum Würzen

Zubereitung:

1. Porree, Möhren und Sellerie fein würfeln. In einem Topf mit etwas Öl kurz anbraten und im Anschluss mit der Gemüsebrühe ablöschen. Das Suppengemüse darin nun für 20 Minuten bei mittlerer Hitze köcheln.
2. Den Frischkäse mit einem EL Petersilie und Schnittlauch mischen. Die Forelle hinzufügen und in einem Mixer zu einer glatten Masse verarbeiten. Die Fischmasse mit Hilfe von zwei Löffeln zu kleinen Nocken formen.
3. Die Suppe auf niedriger Temperatur ziehen lassen und die Fischnocken darin für etwa 5 Minuten ziehen lassen. Die Suppe dann auf Teller oder eine Suppenschüssel verteilen und vor dem Servieren mit dem übrigen Schnittlauch und der Petersilie bestreuen.

Fischfrikassee

Zeit: 25 Minuten
Schwierigkeitsgrad: Leicht

Nährwertangaben pro Person:
Kalorien: 554 kcal
Fett: 46 g
Eiweiß: 21,8 g
Kohlenhydrate: 5 g

Zutaten für 4 Personen:

- 500 g Tilapiafilet
- 250 g Flusskrebse
- 200 g braune Champignons
- 200 g grüner Spargel
- 150 g Crème fraiche
- 50 g Butter

- 100 ml Weißwein
- 1 Limette
- Öl
- Salz und Pfeffer zum würzen

Zubereitung:

1. Den Fisch waschen, trockentupfen und in mundgerechte Stücke schneiden. Mit Salz und Pfeffer würzen und kurz beiseite stellen.
2. Die holzigen Stellen des grünen Spargels abschneiden und diesen in etwa 2 cm große Stücke schneiden. Die Champignons mit einer Bürste von Erdanhaftungen befreien. Im Anschluss in Scheiben schneiden.
3. Die Hälfte der Butter in einem Topf erhitzen und darin den Spargel kurz andünsten. Danach den vorbereiteten Fisch hinzufügen und mitanbraten. Dann die Flusskrebse sowie die Champignons hinzufügen und für etwa eine weitere Minute anbraten.
4. Das Frikassee mit dem Weißwein ablöschen und abschließend mit dem Crème fraîche zu einer Sauce binden. Vor dem Servieren mit etwas Zitronensaft sowie Salz und Pfeffer abschmecken. Frische Kräuter verleihen dem Frikassee zudem eine frische Note.

Fischlasagne

Zeit: 40 Minuten
Schwierigkeitsgrad: Mittel

Nährwertangaben pro Person:
Kalorien: 365 kcal
Fett: 20,2 g
Eiweiß: 37 g
Kohlenhydrate: 6,7 g

Zutaten für 4 Personen:

- 500 g Lachsfilet
- 125 g Fetakäse
- 100 g geriebener Käse
- 2 Zucchini
- 1 Knoblauchzehe
- 1 Dose Tomaten
- Tomatenmark
- Salz und Pfeffer zum Würzen

Zubereitung:

1. Die Zucchini waschen und mit einem scharfen Messer längs in Streifen schneiden, die auch optisch Lasagneplatten ähneln. Die Zucchini dann in einer Schüssel mit Salz würzen, damit diese etwas an Feuchtigkeit verlieren.
2. In der Zwischenzeit zuerst den Knoblauch schälen und pressen. Dann den Fetakäse sowie den Lachs in feine Würfel schneiden.
3. Eine Pfanne mit etwas Öl erhitzen und darin zuerst den gepressten Knoblauch anbraten. Im Anschluss den Lachs mit Salz und Pfeffer würzen und ebenfalls hinzufügen. Kurz anbraten und dann mit den Tomaten ablöschen. Die Tomaten gut mit dem Fisch vermengen. Für 5 Minuten kochen und danach mit etwas Tomatenmark binden. Abschließend mit Salz, Pfeffer sowie Kräutern nach Wahl abschmecken.

4. Eine Auflaufform bereitstellen und darin immer abwechselnd eine Lage Zucchini und eine Lage Sauce hineinfüllen. Zum Abschluss mit dem geriebenen Käse bestreuen und bei 175° für etwa 20 Minuten backen bis der Käse geschmolzen und goldbraun ist. Die Lasagne dann entweder auf Tellern anrichten oder in der Auflaufform auf den Tisch stellen.

Thunfischpizza

Zeit: 40 Minuten
Schwierigkeitsgrad: Mittel

<u>Nährwertangaben pro Person:</u>
Kalorien: 306 kcal
Fett: 15,6 g
Eiweiß: 33 g
Kohlenhydrate: 6,1 g

<u>Zutaten für 4 Personen:</u>

- 2 Dosen Thunfisch
- 100 g geriebener Käse
- 200 ml passierte Tomaten
- 4 eingelegte Paprikas
- 3 TL Hüttenkäse
- 2 Eier
- 1 TL Oregano
- Salz und Pfeffer zum Würzen

Zubereitung:

1. Den abgetropften Thunfisch in eine Schüssel geben und dort mit einem Löffel zerkleinern. Mit den Eiern und Hüttenkäse vermischen und dies zu einem gleichmäßigen Teig vermischen.
2. Ein Backblech mit Backpapier auslegen und den Thunfischteig darauf gleichmäßig mit einem Messer verstreichen. Das Blech dann für 15 Minuten in den auf 175° vorgeheizten Ofen backen.

3. In der Zwischenzeit die Tomaten mit Oregano sowie Salz und Pfeffer würzen. Die Sauce muss nicht erhitzt werden, da sie später im Ofen erhitzt wird. Für den Belag nun die eingelegten Paprikas klein schneiden und eventuell den Käse reiben.
4. Das Backblech aus dem Ofen nehmen und mit der Tomatensauce bestreifen. Die Paprikastreifen darauf verteilen und mit dem Käse bestreuen. Das Blech erneut für etwa 10-15 Minuten in den Ofen schieben bis der Käse goldgelb ist. Die Pizza schmeckt warm am besten, kann aber auch am nächsten Tag noch bedenkenlos gegessen werden.

Snacks

Minipfannkuchen

Zeit: 20 Minuten
Schwierigkeitsgrad: Leicht

Nährwertangaben pro Person:
Kalorien: 750 kcal
Fett: 48 g
Eiweiß: 69 g
Kohlenhydrate: 9,1 g

Zutaten für 4 Personen:

- 250 g gemahlene Mandeln
- 200 g Eiweißpulver
- 6 Eier
- 400 ml Milch
- 1 Vanilleschote
- 1 Prise Salz
- Etwas Mineralwasser

Zubereitung:

1. Die Milch mit dem Eiweißpulver anrühren. Die gemahlenen Mandeln hinzufügen und ebenfalls einrühren. Diesen Teig nun mit den Eiern locker vermengen.
2. Den Teig etwas ruhen lassen und in der Zwischenzeit mit einem Messer das Mark der Vanilleschote auskratzen. Dieses Mark und eine Prise Salz ebenfalls in den Teig geben. Ist der Teig nicht locker

genug, einen Schuss Mineralwasser hinzufügen, welcher den Teig geschmeidiger macht.

3. Eine Pfanne mit Öl erhitzen und darin die Pfannkuchen von beiden Seiten goldbraun ausbacken. Damit diese nicht zu groß werden, kann auch eine Form für Spiegeleier verwendet werden. Die Form erst anheben, wenn die Pfannkuchen an den Rändern deutlich gestockt sind.

Fischmuffins

Zeit: 30 Minuten
Schwierigkeitsgrad: Leicht

Nährwertangaben pro Person:
Kalorien: 347 kcal
Fett: 29,8 g
Eiweiß: 3,5 g
Kohlenhydrate: 4,4 g

Zutaten für 4 Personen:

- 500 g Kabeljau
- 1 Chili
- 1 Knoblauchzehe
- 1 Bund Frühlingszwiebeln
- 1 Limette
- 1 Ei
- ½ Bund Koriander
- Asiatische Fischsauce
- Öl
- Salz und Pfeffer zum Würzen

Zubereitung:

1. Den Fisch und den Koriander gemeinsam in einem Mixer vermengen. Im Anschluss Chili und Knoblauch grob zerkleinern und ebenfalls hinzufügen. Die Limettenschale abreiben und den Saft auspressen. Die Schale separat in eine Schüssel geben und dort kurz aufbewahren. Dann alles gemeinsam mit dem Ei noch einmal mit dem Mixer vermischen.
2. Die Masse in eine Schüssel füllen und mit der Fischsauce sowie etwas Pfeffer würzen. Danach die Frühlingszwiebeln in Ringe schneiden und gemeinsam mit dem Limettenabrieb der Fischmasse hinzufügen und mit einem Küchenlöffel kurz unterheben.
3. Eine Muffinform oder 12 Papierförmchen bereitstellen und die Fischmasse darauf gleichmäßig verteilen. Dadurch haben alle Fischmuffins die gleiche Garzeit. Das Blech nun in den auf 175° vorgeheizten Ofen schieben und dort für etwa 25 Minuten backen. Die Fischmuffins lassen sich gut vorbereiten, da sie sowohl warm als auch kalt verzehrt werden können.

Gefüllte Salatherzen

Zeit: 25 Minuten
Schwierigkeitsgrad: Mittel

Nährwertangaben pro Person:
Kalorien: 342 kcal
Fett: 23,5 g
Eiweiß: 26,2 g
Kohlenhydrate: 4,1 g

Zutaten für 4 Personen:

- 500 g Hack
- 2 Salatherzen oder Chicorées
- 1 Knoblauchzehe
- 1 rote Zwiebel
- 1 Limette
- Sojasauce
- Öl
- Salz und Pfeffer zum Würzen
- Minze zur Dekoration

Zubereitung:

1. Den Knoblauch schälen und pressen. Die rote Zwiebel ebenfalls schälen und in feine Würfel schneiden. Öl in einer Pfanne erhitzen bis sich leichter Rauch bildet. Knoblauch und Zwiebelwürfel hinzufügen und kurz andünsten. Dann das Hack hinzugeben und ebenfalls krümelig anbraten. Zum Schluss noch mit etwas Sojasauce und Pfeffer würzen und auf der ausgeschalteten Herdplatte warmhalten.
2. Die einzelnen Salatblätter zupfen und waschen. Danach die Blätter mit einem Küchentuch trockentupfen und auf einer Servierblatte im Uhrzeigersinn arrangieren. Die Hackmasse darin mit einem Löffel gleichmäßig verteilen und leicht andrücken. Zum Abschluss die Minzblätter dekorativ darüber verteilen und sofort servieren.

Gefüllte Tomaten

Zeit: 15 Minuten
Schwierigkeitsgrad: Leicht

Nährwertangaben pro Person:
Kalorien: 160 kcal
Fett: 9,2 g
Eiweiß: 16,4 g
Kohlenhydrate: 2,1 g

Zutaten für 4 Personen:

- 4 Tomaten
- 1 Dose Thunfisch
- ½ Bund Schnittlauch
- 100 g Kräuterfrischkäse
- Salz und Pfeffer zum Würzen

Zubereitung:

1. Das obere Ende der Tomaten mit einem scharfen Messer entfernen. Das innere dann bis auf das Fruchtfleisch mit einem Teelöffel entfernen. Die ausgehüllten Tomaten anschließend mit Salz und Pfeffer würzen.
2. Den Schnittlauch in sehr feine Ringe schneiden und in eine Schüssel geben. Den Frischkäse mit Kräutern sowie den Thunfisch hinzufügen und alles gut mit einem Löffel vermischen. Diese Füllung nun in die ausgehüllten Tomaten füllen und entweder gleich servieren oder im Kühlschrank aufbewahren.
3. Für eine warme Mahlzeit die befüllten Tomaten einfach mit etwas Parmesan oder geriebenem Käse bestreuen und im auf 200° vorgeheizten Ofen für 10 Minuten erhitzen. So lässt sich zudem die Haut auch leichter vor dem Essen mit dem Besteck entfernen.

Rosenkohlchips

Zeit: 15 Minuten
Schwierigkeitsgrad: Leicht

<u>Nährwertangaben pro Person:</u>
Kalorien: 60 kcal
Fett: 5,2 g
Eiweiß: 1,7 g
Kohlenhydrate: 1,3 g

<u>Zutaten für 4 Personen:</u>

- 15 Rosenkohle
- Salz und Pfeffer zum Würzen

Zubereitung:

1. Den Rosenkohl zuerst unter fließendem Wasser waschen. Anschließend in einem Sieb abtropfen und mit einem Küchentuch trockentupfen.
2. Ein Backblech mit Backpapier auslegen und die Blätter des Rosenkohls dann einzeln abzupfen und darauf verteilen. Das Abzupfen wird erleichtert, indem das holzige Ende entfernt wird, wodurch sich die Blätter leichter lösen.
3. Die Blätter in den auf 175° vorgeheizten Ofen schieben und dort für 10 Minuten backen. Die Blätter danach in eine Schüssel geben und nach Belieben mit Salz und Pfeffer würzen.

Pizzarolle

Zeit: 25 Minuten
Schwierigkeitsgrad: Leicht

Nährwertangaben pro Person:
Kalorien: 398 kcal
Fett: 26,4 g
Eiweiß: 32,5 g
Kohlenhydrate: 4,8 g

Zutaten für 4 Personen:

- 200 g Quark
- 200 g geriebener Käse
- 100 g Hähnchenbrust Aufschnitt
- 100 g Mozzarella
- 3 Eier
- 1 Glas Tomatensauce
- Salz und Pfeffer zum Würzen

Zubereitung:

1. Quark, Eier und den geriebenen Käse in einer Schüssel zu einem Teig anrühren und nach Belieben mit Salz und Pfeffer würzen.
2. Ein Backblech mit Backpapier auslegen und darauf den Quarkteig gleichmäßig verstreichen. In den auf 175° vorgeheizten Ofen schieben und für 15 Minuten backen.
3. In der Zwischenzeit den Mozzarella in hauchdünne Scheiben schneiden. Den Teig aus dem Ofen nehmen und dünn mit Tomatensauce bestreichen. Den Geflügelaufschnitt darauf verteilen und mit dem Mozzarella bedecken. Für weitere 10 Minuten backen bis der Käse leicht goldbraun ist.
4. Die Pizza dann aufrollen und mit Hilfe von Klarsicht- oder Alufolie zu einer festen Rolle formen. Diese kann auch im Kühlschrank aufbewahrt werden und eignet sich somit perfekt dafür, ein Abendessen bereits am Morgen vorzubereiten.

Kohlrabipommes

Zeit: 35 Minuten
Schwierigkeitsgrad: Leicht

Nährwertangaben pro Person:
Kalorien: 65 kcal
Fett: 5,1 g
Eiweiß: 1,5 g
Kohlenhydrate: 2,8 g

Zutaten für 4 Personen:

- 2 Kohlrabis
- Öl
- 1 TL Kräutermischung
- Salz und Pfeffer zum Würzen

Zubereitung:

1. Die Kohlrabi schälen und in Streifen schneiden. Diese sollten die gleiche Größe und Form aufweisen, damit sie zur gleichen Zeit gar sind.
2. Die Kohlrabis in eine Schüssel geben und dort mit etwas Öl und Gewürzen oder Kräutern nach Wahl vermischen. Das Öl sorgt dafür, dass die Gewürze besser anhaften und gleichzeitig die Kohlrabi im Ofen nicht austrocknet.
3. Ein Bleck mit Backpapier auslegen und die Kohlrabi für 25 Minuten in den auf 200° vorgeheizten Ofen schieben. Nach dieser Zeit die Pommes am besten noch warm verzehren.

Käsechips

Zeit: 20 Minuten
Schwierigkeitsgrad: Leicht

Nährwertangaben pro Person:
Kalorien: 179 kcal
Fett: 11,6 g
Eiweiß: 15,3 g
Kohlenhydrate: 1,8 g

Zutaten für 4 Personen:

- 150 g geriebener Käse
- 75 g Schinkenwürfel
- ½ Zwiebel
- 1 Ei

Zubereitung:

1. Die Zwiebel schälen, in der Mitte halbieren und die benötigte Hälfte sehr fein würfeln.
2. Die Zwiebelwürfel in eine Schüssel füllen und mit den restlichen Zutaten zu einem Teig vermischen.
3. Ein Blech mit Backpapier auslegen und die Teigmasse zu kleinen Haufen auf dem Backblech anordnen. In den auf 200° vorgeheizten Ofen für 15 Minuten backen. Danach abkühlen lassen und knusprig als Snack servieren.

Selleriepuffer

Zeit: 30 Minuten
Schwierigkeitsgrad: Mittel

Nährwertangaben pro Person:
Kalorien: 362 kcal
Fett: 31,3 g
Eiweiß: 12 g
Kohlenhydrate: 5,6 g

Zutaten für 4 Personen:

- 500 g Knollensellerie
- 175 g Quark
- 75 g Schmand
- 10 g Guarkernmehl
- 75 ml Olivenöl
- 3 Eier
- Salz und Pfeffer zum Würzen

Zubereitung:

1. Die Sellerie schälen und mit Hilfe eines Hobels in feine Streifen schneiden. Die Streifen in einer Schüssel auffangen und die restlichen Zutaten hinzufügen. Die Teigmasse mit Salz, Pfeffer und je nach Geschmack mit einer Prise Muskatnuss würzen.
2. Eine Pfanne mit Öl auf dem Herd erhitzen und die Selleriepuffer von beiden Seiten goldbraun anbraten. Mit kleineren Teigklecksen ist es einfacher die Puffer zu wenden. Nach dem Backen auf Haushaltspapier legen, um das überschüssige Fett aufzunehmen. Die Puffer schmecken sowohl warm als auch kalt und können zudem am nächsten Tag problemlos in der Pfanne aufgewärmt werden.

Gefüllte Eier

Zeit: 20 Minuten
Schwierigkeitsgrad: Leicht

Nährwertangaben pro Person:
Kalorien: 360 kcal
Fett: 26 g
Eiweiß: 26,8 g
Kohlenhydrate: 2,3 g

Zutaten für 4 Personen:

- 8 Eier
- 150 g Flusskrebse
- 50 g geriebener Parmesan
- 5 EL Mayonnaise
- Salz und Pfeffer zum Würzen

Zubereitung:

1. Die Eier in kochendem Wasser für 10 Minuten hart kochen. Da die Eier für das Füllen komplett gestockt sein müssen, die Eier je nach Größe besser zwei oder drei Minuten länger im Wasser belassen.
2. Die Eier abkühlen lassen, pellen und schälen. Die geschälten Eier dann halbieren und die Eigelbe entfernen. Drei der Eigelbe in eine Schüssel geben.
3. Die Flusskrebse fein hacken und ebenfalls in die Schüssel geben. Die Mayonnaise und den geriebenen Parmesan hinzufügen und alles zu einer Creme mit dem Mixstab verarbeiten.
4. Die Creme in einen Spritzbeutel füllen und gleichmäßig auf die Eierhälften verteilen. Die Eier dann entweder gleich servieren oder im Kühlschrank lagern. Für ein Büffet können die Eier noch mit frischem Dill garniert werden.

FAZIT - 50 ABENDESSEN-REZEPTE

Das Abendessen zählt seit Generationen zu den wichtigsten Mahlzeiten des Tages. Hier gilt es nicht nur die eigenen Kraftreserven für den nächsten Tag aufzutanken, sondern auch mit der Familie und Freunden gemeinsam eine gute Zeit zu verbringen. Mit den vorgestellten Rezepten findet sich für jede Gelegenheit das passende Gericht, bei dem auch Gäste begeistert nach dem Rezept fragen werden. Schließlich kommt bei der Low Carb Ernährung nur die Kohlenhydrate, aber niemals der Genuss zu kurz. Als Resultat liefern die Rezepte dieses Buchs auch zahlreiche Inspirationen sich vertiefend mit der Philosophie der Low Carb Ernährung zu befassen. Die Rezepte an den eigenen Geschmack anzupassen ist dabei nicht nur problemlos möglich, sondern auch ausdrücklich gewünscht. So entstehen abhängig von den vorhandenen Zutaten oder der zur Verfügung stehenden Zeit Rezeptsammlungen, welche das Leben nicht nur auf der Waage deutlich erleichtern. Das beste Resultat ist jedoch das eigene Spiegelbild, welches mit der Low Carb Ernährung bereits nach zwei Wochen nicht mehr zu den ärgsten Kritikern, sondern vielmehr zum ersten WOW Erlebnis des Tages zählt.

Ihr Mathias Müller

EINLEITUNG – 100 DESSERTS

Wer sich für eine Ernährungsumstellung nach den Low Carb Regeln entschieden hat, wird neben den Hauptmahlzeiten auch nach Low Carb Desserts Ausschau halten. Diese sind **viel zahlreicher**, als es auf den ersten Blick vielleicht den Anschein hat. Von Waffeln über Pralinen bis zu Fruchtgummis ist es möglich, die beliebtesten Desserts auch als Low Carb Varianten herzustellen. Dabei ist es nicht notwendig, teure Spezialzutaten zu kaufen. Alle in diesem Kochbuch verwendeten Zutaten stammen entweder aus dem Supermarkt oder Reformhaus bzw. der Drogerie. Bei Letzteren handelt es sich zum Beispiel um Mandelmehl oder auch Zuckerersatz wie etwa Stevia oder Erythrit. Beide haben einen **reduzierten Anteil an Kohlenhydraten** und ermöglichen es daher, Rezepte fast ohne Kohlenhydrate herzustellen. Da die Liste an Zutaten ohne Kohlenhydrate sehr überschaubar ist, haben die 100 hier vorgestellten Rezepte niemals mehr als 10 g Kohlenhydrate. Dadurch ist es möglich, das Dessert genau einzuplanen und je nach den bereits zu sich genommenen Kohlenhydraten die passenden Low Carb Desserts auszuwählen.

Was mir beim Schreiben dieses Kochbuchs besonders wichtig war, ist es zu beweisen, wie leicht sich die Desserts herstellen lassen. Anstatt sich ansonsten konsequent Low Carb zu ernähren und dann bei Fruchtgummis oder Pralinen aus dem Supermarkt schwach zu werden, **ist es mit einem geringen Zeitaufwand möglich, selbst Süßigkeiten herzustellen**. Durch die insgesamt 10 unterschiedlichen Kategorien dieses Kochbuchs ist es möglich, gesund abzunehmen und auch Familienmitglieder oder Freunden die Vorzüge der Low Carb Ernährung zu zeigen. Von Muffins und Cupcakes als kleine Mitbringsel bis Mousse und Puddings, an denen auch Kinder Geschmack finden, ist es nicht notwendig, bei Einladungen auf Low Carb zu verzichten. Gäste, die vorher nichts von den Ernährungsgewohnheiten ihrer Gastgeber gewusst haben, werden die überzähligen Kohlenhydrate mit diesen Rezepten fast ohne Kohlenhydrate weder vermissen, noch es überhaupt bemerken.

Da als Abschluss eines aktiven Tages für viele Menschen das Dessert wie selbstverständlich dazugehört gibt es mit diesem Kochbuch keinen Grund mehr die Low Carb Ernährung nicht einmal auszuprobieren. Denn auch wenn Low Carb heute oft mit einer Diät gleichgesetzt wird, zeigt sich im Alltag sehr schnell, dass **nicht der Verzicht, sondern lediglich der bewusstere Umgang mit Lebensmitteln im Vordergrund steht**. Das hat auch die 37 jährige Kindergärtnerin Tatjana dazu inspiriert, der Low Carb Ernährung treu zu bleiben:

"Früher war ich bei vielen Familienfeiern oder Aktivitäten oft etwas isoliert beim Dessert, da ich natürlich niemanden zumuten wollte, nur für mich eine zweite Low Carb Alternative herzustellen. Mit den in diesem Kochbuch vorgestellten Low Carb Desserts hat sich das jedoch sehr schnell geändert. Heute bringe ich mir einfach selbst ein Dessert mit und genieße die neidischen Blicke, welche die anderen Gäste auf meinen Teller und meine neue Figur werfen."

Während bei einer Diät das Dessert zu einem absoluten Tabu stigmatisiert wird, **bleiben bei der Low Carb Ernährung die gewohnten Tagesabläufe und Gewohnheiten erhalten. Nur die Nährwerte verschieben sich von den Kohlenhydraten zu den Eiweißen und Fetten**. Wie positiv sich dies nicht nur auf die Motivation, sondern auch das eigene Selbstwertgefühl auswirkt, beweist spätestens nach ein paar Wochen der Blick in den Spiegel. Mit **100 Rezepten** ist es das ganze Jahr möglich, ein neues Lieblingsrezept zu entdecken oder eines der vorgestellten Rezepte nach dem eigenen Geschmack abzuwandeln. Sei es mit saisonalen Früchten oder auch **neuen Trends** wie etwa Chiasamen.

Mit diesem Kochbuch halten Sie eine **wichtige Basis** in den Händen, um mit Low Carb Desserts jeder Mahlzeit als Abschluss das gewisse Etwas zu verleihen. Zögern Sie nicht länger und erleben auch Sie wie einfach es sein kann, gesund abnehmen und in vollen Zügen die Mahlzeiten zu genießen in der Low Carb Ernährung und diesem Kochbuch zu vereinen.

Muffins und Cupcakes

Buttermilch-Muffins mit Limette

Zeit: 30 Minuten
Schwierigkeitsgrad: Leicht

Nährwertangaben pro Person:
Kalorien: 600 kcal
Fett: 51,5 g
Eiweiß: 21 g
Kohlenhydrate: 7,1 g

Zutaten für 4 Personen:

- 250 g gemahlene Mandeln
- 75 g griechischer Joghurt
- 75 g Mascarpone
- 75 ml Buttermilch
- 3 Eier
- 3 EL Zuckerersatz wie Stevia
- 1 Päckchen Backpulver
- Abrieb einer Limette
- Saft einer Limette

Zubereitung:

1. Die Eier trennen und das Eiweiß zu Eischnee schlagen. Die übrigen Zutaten in eine Schüssel geben und mit einem Handrührgerät vermengen. Den Eischnee dann vorsichtig unterheben.
2. Auf 8 - 12 Muffinformen aufteilen und für 20 Minuten in dem auf 175° vorgeheizten Ofen backen

Muffins mit Erdnussbutterkern

Zeit: 30 Minuten
Schwierigkeitsgrad: Leicht

Nährwertangaben pro Person:
Kalorien: 925 kcal
Fett: 81 g
Eiweiß: 31,2 g
Kohlenhydrate: 10,3 g

Zutaten für 4 Personen:

- 300 g gemahlene Mandeln
- 100 g Erdnussbutter
- 5 Eier
- 100 g weiche Butter
- 1 TL Natron
- 1 Prise Salz
- Nach Belieben Zuckerersatz wie etwa flüssiger Süßstoff

Zubereitung:

1. Die Eier trennen und die Eiweiße zu Eischnee schlagen. Alle übrigen Zutaten bis auf die Erdnussbutter in einer Schüssel zu einem Teig vermengen. Den Eischnee vorsichtig unterheben.
2. Die Hälfte des Teigs auf die Muffinförmchen aufteilen. Jeweils einen Löffel Erdnussbutter in die Förmchen geben und mit dem restlichen Teig bedecken.
3. Bei 160° für 20 Minuten im Ofen backen.

Joghurtmuffin mit Blaubeeren

Zeit: 30 Minuten
Schwierigkeitsgrad: Leicht

Nährwertangaben pro Person:
Kalorien: 505 kcal
Fett: 42,5 g
Eiweiß: 20,3 g
Kohlenhydrate: 8,4 g

Zutaten für 4 Personen:

- 250 g gemahlene Mandeln
- 150 g griechischer Joghurt
- 100 g Blaubeeren
- 3 Eier
- 1 Päckchen Backpulver
- Nach Belieben Zuckerersatz wie flüssiger Süßstoff

Zubereitung:

1. Die Eier trennen und das Eiweiß zu Eischnee schlagen. Alle Zutaten bis auf die Blaubeeren in einer Schüssel mit dem Handrührgerät vermengen. Den Eischnee danach portionsweise mit dem Teig vermengen.
2. Die Blaubeeren mit einem Löffel vorsichtig unterheben, damit kein Fruchtsaft austritt und den Teig einfärbt.
3. Den Teig auf Muffinförmchen verteilen und bei 175° für 20 Minuten im Ofen backen.

Zimtmuffins

Zeit: 30 Minuten
Schwierigkeitsgrad: Leicht

Nährwertangaben pro Person:
Kalorien: 553 kcal
Fett: 49 g
Eiweiß: 18,3 g
Kohlenhydrate: 6 g

Zutaten für 4 Personen:

- 200 g gemahlene Mandeln
- 75 g weiche Butter
- 4 Eier
- ½ Päckchen Backpulver
- 1 TL Zimt
- 1 Prise Salz
- Nach Belieben Zuckerersatz wie etwa Stevia

Zubereitung:

1. Die Eier trennen und das Eiweiß zu Eischnee schlagen. Alle Zutaten in eine Schüssel geben und mit einem Handrührgerät zu einem glatten Teig verarbeiten. Den Eischnee portionsweise unterheben.
2. Den Teig auf Muffinförmchen verteilen und für 20 Minuten im auf 175° vorgeheizten Ofen backen.

Latte Macchiato Muffins

Zeit: 30 Minuten
Schwierigkeitsgrad: Leicht

<u>Nährwertangaben pro Person:</u>
Kalorien: 700 kcal
Fett: 62,5 g
Eiweiß: 22,5 g
Kohlenhydrate: 5,4 g

<u>Zutaten für 4 Personen:</u>

- 250 g gemahlene Mandeln
- 100 g Butter
- 50 ml Latte Macchiato
- 3 TL Kakaopulver
- 4 Eier
- 1 Prise Natron
- Nach Belieben Zuckerersatz wie Süßstoff

Zubereitung:

1. Die Eier trennen und das Eiweiß zu Eischnee schlagen. Die übrigen Zutaten in einer Schüssel mit einem Handrührgerät zu einem Teig verarbeiten. Den Eischnee danach portionsweise unterheben.
2. Den Teig auf Muffinförmchen verteilen und in dem auf 175° vorgeheizten Ofen für 20 Minuten backen.

Schoko-Vanille-Cupcake

Zeit: 40 Minuten
Schwierigkeitsgrad: Mittel

Nährwertangaben pro Person:
Kalorien: 850 kcal
Fett: 78 g
Eiweiß: 26 g
Kohlenhydrate: 6,4 g

Zutaten für 4 Personen:

Für den Teig:

- 200 g gemahlene Mandeln
- 75 g weiche Butter
- 3 TL Kakaopulver
- 4 Eier
- Nach Belieben Zuckerersatz wie Stevia

Für das Frosting:

- 100 g Frischkäse
- 100 g weiche Butter
- 100 g Zuckerersatz als Pulver
- 1 Vanilleschote

Zubereitung:

1. Die Eier trennen und das Eiweiß zu Eischnee schlagen. Die übrigen Zutaten in einer Schüssel zu einem glatten Teig verarbeiten. Den Eischnee im Anschluss portionsweise unterheben.
2. Den Teig auf Muffinförmchen verteilen und für 20 Minuten in dem auf 175° vorgeheizten Ofen backen. Danach für mindestens 30 Minuten abkühlen lassen.
3. In der Zwischenzeit das Frosting vorbereiten und dafür zuerst das Mark der Vanilleschote mit einem Messer auskratzen. Das Vanillemark mit den übrigen Zutaten zu einer Creme schlagen.

Diese in einen Spritzbeutel füllen und auf den Cupcakes verteilen.

Himbeer-Mascarpone-Cupcakes

Zeit: 40 Minuten
Schwierigkeitsgrad: Mittel

Nährwertangaben pro Person:
Kalorien: 800 kcal
Fett: 74,8 g
Eiweiß: 20,6 g
Kohlenhydrate: 6,2 g

Zutaten für 4 Personen:

Für den Teig:

- 200 g gemahlene Mandeln
- 100 g Himbeeren
- 75g Mascarpone
- 4 Eier
- Nach Belieben Zuckerersatz wie Süßstoff

Für das Frosting:

- 100 g Zuckerersatz als Pulver wie zum Beispiel Xucker
- 100 g Mascarpone
- 100 g weiche Butter
- 25 g Himbeeren

Zubereitung:

1. Für den Teig zuerst die Eier trennen und das Eiweiß zu Eischnee schlagen. Die übrigen Zutaten bis auf die Himbeeren in einer Schüssel zu einem Teig verarbeiten. Zuerst vorsichtig den Eischnee und danach die Himbeeren unterheben.
2. Den Teig auf Muffinförmchen verteilen und für 20 Minuten in dem auf 175° vorgeheizten Ofen backen. Die kleinen Kuchen

danach für 30 Minuten abkühlen lassen.

3. Für das Frosting alle Zutaten zu einer Creme vermengen. Diese in einen Spritzbeutel füllen und über den Cupcakes verteilen.

Pistazien-Cupcake

Zeit: 40 Minuten
Schwierigkeitsgrad: Leicht

Nährwertangaben pro Person:
Kalorien: 950 kcal
Fett: 85 g
Eiweiß: 27 g
Kohlenhydrate: 9,5 g

Zutaten für 4 Personen:

Für den Teig:

- 100 g gemahlene Mandeln
- 75 g Butter
- 75 g gehackte Pistazien
- 4 Eier
- Nach Belieben Zuckerersatz wie zum Beispiel Birkenzucker

Für das Frosting:

- 100 g Frischkäse
- 100 g Zuckerersatz als Pulver
- 100 g weiche Butter
- 1 Vanilleschote

Zubereitung:

1. Die Eier für den Teig trennen und das Eiweiß zu Eischnee verarbeiten. Die übrigen Zutaten in einer Schüssel zu einem Teig vermengen. Den Eischnee danach langsam unterheben.
2. Den Teig auf Muffinförmchen aufteilen und für 20 Minuten in dem auf 175° vorgeheizten Ofen backen. Danach die Kuchen für mindestens 30 Minuten abkühlen lassen.
3. Für das Frosting zuerst das Vanillemark aus der Schote auslösen und mit den anderen Zutaten zu einer Creme schlagen. Die Creme in einen Spritzbeutel füllen und auf den Cupcakes verteilen.

Mandarinen-Walnuss-Cupcake

Zeit: 40 Minuten
Schwierigkeitsgrad: Mittel

Nährwertangaben pro Person:
Kalorien: 1000 kcal
Fett: 93 g
Eiweiß: 22,5 g
Kohlenhydrate: 10,1 g

Zutaten für 4 Personen:

Für den Teig:

- 200 g gemahlene Mandeln
- 75 g gehackte Walnüsse
- 75 g weiche Butter
- 4 Eier
- 1 TL Vanillemark
- Nach Belieben Zuckerersatz wie Süßstoff

Für das Frosting:

- 100 g weiche Butter
- 100 g Mascarpone
- 100 g Zuckerersatz in Pulverform
- 50 g Mandarinchenfilets

Zubereitung:

1. Die Eier für den Teig trennen und das Eiweiß zu Eischnee schlagen. Die übrigen Zutaten bis auf die gehackten Walnüsse zu einem Teig vermengen. Danach zuerst die Walnüsse und dann den Eischnee unterheben.
2. Den Teig auf Muffinförmchen verteilen und in dem auf 175° vorgeheizten Ofen für 20 Minuten backen. Die Kuchen danach für mindestens 30 Minuten abkühlen lassen.
3. Alle Zutaten für das Frosting zu einer Creme vermengen und in einen Spritzbeutel füllen. Auf den Cupcakes verteilen.

Waldfrucht-Eierlikör-Cupcake

Zeit: 40 Minuten
Schwierigkeitsgrad: Mittel

Nährwertangaben pro Person:
Kalorien: 800 kcal
Fett: 71 g
Eiweiß: 20,2 g
Kohlenhydrate: 9,4 g

Zutaten für 4 Personen:

Für den Teig:

- 200 g gemahlene Mandeln
- 75 g Butter
- 25 g Brombeeren
- 25 g Blaubeeren

- 25 g Himbeeren
- 4 Eier
- Nach Belieben Zuckerersatz wie Süßstoff

Für das Frosting:

- 100 g Mascarpone
- 50 g weiche Butter
- 50 ml Eierlikör
- 100 g Zuckerersatz in Pulverform

Zubereitung:

1. Die Eier trennen und das Eiweiß zu Eischnee verarbeiten. Mandeln, Eigelb, Zuckerersatz und Butter zu einem Teig verarbeiten. Im Anschluss zuerst den Eischnee und dann die Beeren vorsichtig unterheben.
2. Auf Muffinförmchen verteilen und für 20 Minuten in dem auf 175° vorgeheizten Ofen backen. Danach für mindestens 30 Minuten abkühlen lassen.
3. Alle Zutaten für das Frosting zu einer Creme mischen. Diese in eine Spritztüte füllen und auf den Cupcakes verteilen.

Plätzchen , Kekse und Gebäck

Kokosmakronen

Zeit: 30 Minuten
Schwierigkeitsgrad: Leicht

Nährwertangaben pro Person:
Kalorien: 465 kcal
Fett: 46 g
Eiweiß: 8,2 g
Kohlenhydrate: 5,1 g

Zutaten für 4 Personen:

- 250 g Kokosraspeln
- 100 ml saure Sahne
- 2 Eier
- Nach Belieben Zuckerersatz wie Stevia

Zubereitung:

1. Alle Zutaten in einer Schüssel zu einem Plätzchenteig vermengen.
2. Ein Blech mit Backpapier auslegen und den Teig dort mit der Hilfe von zwei Löffeln zu Makronen formen.
3. Für 25 Minuten in dem auf 150° vorgeheizten Ofen backen.

Mandelplätzchen mit Orangearoma

Zeit: 20 Minuten
Schwierigkeitsgrad: Leicht

Nährwertangaben pro Person:
Kalorien: 698 kcal
Fett: 56,2 g
Eiweiß: 40,1 g
Kohlenhydrate: 2,7 g

Zutaten für 4 Personen:

- 150 g gemahlene Mandeln
- 150 g weiche Butter
- 125 g Eiweißpulver
- 3 Eier
- 1 TL Natron
- Abrieb einer Orange
- Nach Belieben Zuckerersatz wie Süßstoff

Zubereitung:

1. Alle Zutaten in eine Schüssel geben und mit dem Handrührgerät zu einem Teig verarbeiten.
2. Ein Blech mit Backpapier auslegen und den Teig mit zwei Löffeln zu Plätzchen formen.
3. Für 15 Minuten in dem auf 150° vorgeheizten Ofen backen.

Vanillekipferl mit Kardamom

Zeit: 25 Minuten
Schwierigkeitsgrad: Leicht

Nährwertangaben pro Person:
Kalorien: 540 kcal
Fett: 50,5 g
Eiweiß: 11,3 g
Kohlenhydrate: 5,9 g

Zutaten für 4 Personen:

- 125 g Mandelmehl
- 100 g weiche Butter
- 75 g Haselnüsse
- 75 g Zuckerersatz wie Birkenzucker
- 1 Ei
- 1 Vanilleschote
- 1 TL Kardamom
- 1 TL Backpulver

Zubereitung:

1. Zuerst das Mark der Vanilleschote entfernen. Mit den anderen Zutaten zu einem Teig vermengen.
2. Den Teig auf einem Blech mit Backpapier zu Kipferl formen.
3. Im auf 175° vorgeheizten Ofen für 10-15 Minuten backen.

Brownies

Zeit: 30 Minuten
Schwierigkeitsgrad: Leicht

Nährwertangaben pro Person:
Kalorien: 436 kcal
Fett: 34 g
Eiweiß: 25,1 g
Kohlenhydrate: 4,5 g

Zutaten für 4 Personen:

- 150 g Mandelmehl
- 150 g Süßstoff
- 100 g weiche Butter
- 50 g Kakaopulver
- 4 Eier

Zubereitung:

1. Alle Zutaten in eine Schüssel geben und mit einem Handrührgerät vermengen.
2. Eine Backform ausfetten und den Teig darin gleichmäßig verstreichen.
3. Die Backform in den auf 175° vorgeheizten Ofen schieben und dort für 20 - 25 Minuten backen.

Baiser

Zeit: 90 Minuten
Schwierigkeitsgrad: Mittel

Nährwertangaben pro Person:
Kalorien: 26 kcal
Fett: 0,1 g
Eiweiß: 16 g
Kohlenhydrate: 3,6 g

Zutaten für 4 Personen:

- 6 Eiweiße
- 1 TL Stevia

Zubereitung:

1. Die Eiweiße mit dem Stevia steifschlagen. Bei Bedarf kann der Eischnee auch mit etwas Lebensmittelfarbe eingefärbt werden, um bunte Baisers herzustellen.
2. Den Eischnee nun auf einem Blech platzieren. Dazu können zwei Löffel oder auch eine Spritztüte verwendet werden. Bei 100° im Backofen für 90 Minuten trocknen. Das fertige Baiser lässt sich sehr gut für Kuchen oder Schichtdesserts verwenden.

Vanilleplätzchen mit Muskat

Zeit: 25 Minuten
Schwierigkeitsgrad: Leicht

Nährwertangaben pro Person:
Kalorien: 480 kcal
Fett: 43,6 g
Eiweiß: 18,5 g
Kohlenhydrate: 5,6 g

Zutaten für 4 Personen:

- 175 g gemahlene Mandeln
- 75 g Zuckerersatz wie Birkenzucker
- 75 g weiche Butter
- 2 Eier
- 1 Vanilleschote
- 1 Prise Muskatnuss

Zubereitung:

1. Die Vanilleschote halbieren und das Mark vorsichtig mit dem Messer entfernen. Mit den übrigen Zutaten in eine Schüssel geben und dort mit einem Handrührgerät zu einem Teig verarbeiten.
2. Ein Blech mit Backpapier auslegen und den Teig darauf zu Plätzchen formen.
3. Bei 175° in den Ofen schieben und dort für 15 - 20 Minuten backen bis die Kekse goldbraun sind. Etwas abkühlen lassen oder noch warm genießen.

Holunderblütenkekse

Zeit: 25 Minuten
Schwierigkeitsgrad: Leicht

Nährwertangaben pro Person:
Kalorien: 650 kcal
Fett: 56,2 g
Eiweiß: 24,8 g
Kohlenhydrate: 4,5 g

Zutaten für 4 Personen:

- 150 g Mandelmehl
- 150 g weiche Butter
- 100 g gemahlene Mandeln
- 100 g Frischkäse
- 75 g Holunderblüten
- 50 g Zuckerersatz wie Birkenzucker
- 2 Eier
- 1 TL Backpulver

Zubereitung:

1. Alle Zutaten bis auf die Holunderblüten in eine Schüssel geben und diese mit einem Handrührgerät zu einem Teig vermengen. Im Anschluss die Holunderblüten mit einem Löffel in den Teig einarbeiten.
2. Ein Blech mit Backpapier auslegen und den Teig darauf zu Plätzchen formen.
3. Das Blech für 15 - 20 Minuten in den auf 170° vorgeheizten Ofen backen. Nach der Backzeit die Kekse vor dem Verzehr etwas abkühlen lassen.

Käse-Mohn-Kräcker

Zeit: 30 Minuten
Schwierigkeitsgrad: Mittel

Nährwertangaben pro Person:
Kalorien: 443 kcal
Fett: 35,8 g
Eiweiß: 24,4 g
Kohlenhydrate: 2,5 g

Zutaten für 4 Personen:

- 150 g Mandelmehl
- 100 g Frischkäse
- 100 g weiche Butter
- 50 g geriebener Käse
- 2 EL Mohn
- 1 Prise Salz

Zubereitung:

1. Alle Zutaten in eine Schüssel füllen und mit einem Handrührgerät zu einem Teig vermengen.
2. Ein Blech mit Backpapier auslegen und den Teig darauf dünn ausrollen. In kleine Quadrate oder Rechtecke schneiden.
3. Für 25 Minuten in den auf 180° vorgeheizten Ofen schieben. Vor dem Servieren abkühlen lassen.

Chaiplätzchen

Zeit: 90 Minuten
Schwierigkeitsgrad: Leicht

Nährwertangaben pro Person:
Kalorien: 198 kcal
Fett: 24,7 g
Eiweiß: 15,2 g
Kohlenhydrate: 1,4 g

Zutaten für 4 Personen:

- 150 g Mandelmehl
- 100 g weiche Butter
- 25 g Zuckerersatz wie Erythrit
- 2 Beutel Chai Tee

Zubereitung:

1. Den Tee aus dem Beutel entnehmen. Mit einem Mörser zerkleinern. Den Tee danach aussieben, um größere Krümel auszusortieren.
2. Alle Zutaten in eine Schüssel füllen und mit einem Handrührgerät zu einem Teig vermengen. Den Teig in Klarsichtfolie einhüllen und für 45 Minuten im Kühlschrank ruhen lassen.
3. Ein Blech mit Backpapier auslegen und den Teig darauf zu runden Plätzchen formen. Bei 175° für 10 - 15 Minuten backen bis die Plätzchen goldbraun sind.

Haselnussplätzchen

Zeit: 35 Minuten
Schwierigkeitsgrad: Mittel

Nährwertangaben pro Person:
Kalorien: 612 kcal
Fett: 50,6 g
Eiweiß: 25 g
Kohlenhydrate: 8 g

Zutaten für 4 Personen:

Für den Teig:

- 100 g Mandelmehl
- 75 g weiche Butter
- 50 g Frischkäse

Für die Füllung:

- 100 g gemahlene Haselnüsse
- 75 g Zuckerersatz wie Birkenzucker
- 20 g flüssige Butter
- 1 Vanilleschote
- 1 Ei

Zubereitung:

1. Alle Zutaten für den Teig in eine Schüssel füllen und mit dem Handrührgerät zu einem Teig verarbeiten. Den Teig im Anschluss mit einem Küchentuch bedecken und zur Seite stellen.
2. Für die Füllung zuerst die Vanilleschote halbieren und das Mark mit einem Messer vorsichtig auskratzen. Mit den übrigen Zutaten für die Füllung in einer Schüssel vermengen.
3. Den Teig ausrollen und vier Kreise ausstechen. Die Ränder etwas anheben, so dass Platz für die Füllung entsteht. Die Füllung darin verstreichen und das Gebäck auf einem mit Backpapier ausgelegtem Blech platzieren.

4. In den auf 175° vorgeheizten Ofen schieben und für 15 - 20 Minuten backen. Sobald der Teig goldbraun ist, sind die Plätzchen fertig.

Pfannkuchen, Crepes und Co.

Waffeln mit Joghurt

Zeit: 25 Minuten
Schwierigkeitsgrad: Leicht

Nährwertangaben pro Person:
Kalorien: 188 kcal
Fett: 10,4 g
Eiweiß: 18,1 g
Kohlenhydrate: 4 g

Zutaten für 4 Personen:

- 125 g Mandelmehl
- 100 g Joghurt
- 75 ml Milch
- 3 Eier
- 2 TL Backpulver
- Nach Belieben Zuckerersatz wie Stevia

Zubereitung:

1. Alle Zutaten in eine Schüssel geben und dort mit der Hilfe eines Handrührgeräts zu einem Teig verarbeiten.
2. Das Waffeleisen erhitzen und die Flächen mit etwas Öl oder Butter einreiben, damit die fertigen Waffeln leicht abgelöst werden können.
3. Die Waffeln ausbacken, auf einem Teller legen und servieren.

Marmorwaffeln

Zeit: 25 Minuten
Schwierigkeitsgrad: Leicht

Nährwertangaben pro Person:
Kalorien: 275 kcal
Fett: 13,8 g
Eiweiß: 28,2 g
Kohlenhydrate: 7 g

Zutaten für 4 Personen:

- 200 g Mandelmehl
- 200 ml Milch
- 4 Eier
- 2 EL Kakaopulver
- 1 Vanilleschote

Zubereitung:

1. Zuerst Mandelmehl, Milch und Eier in einer Schüssel mit einem Handrührgerät vermengen. Den Teig danach auf zwei Portionen aufteilen.
2. Für die erste Portion das Mark aus der Vanilleschote entfernen und mit dem Teig vermischen. Die zweite Portion mit dem Kakaopulver färben.
3. Die zwei Teigarten jeweils so im Waffeleisen verteilen, dass beim Backen ein Marmormuster entsteht. Dies so lange wiederholen bis der gesamte Teig verwendet wurde.
4. Die Waffeln lassen sich auch sehr gut vorbereiten oder als Snack für unterwegs mitnehmen.

Kürbispancakes

Zeit: 25 Minuten
Schwierigkeitsgrad: Leicht

Nährwertangaben pro Person:
Kalorien: 240 kcal
Fett: 12,6 g
Eiweiß: 22,8 g
Kohlenhydrate: 6,5 g

Zutaten für 4 Personen:

- 150 g Mandelmehl
- 100 ml Milch
- 100 g Joghurt
- 100 g Kürbis
- 4 Eier
- 1 Päckchen Backpulver
- 1 Prise Salz
- Nach Belieben mit Zuckerersatz wie Süßstoff süßen

Zubereitung:

1. Den Kürbis mit einem Messer schälen und in feine Scheiben oder kleine Würfel schneiden.
2. Die übrigen Zutaten in eine Schüssel geben und mit dem Handrührgerät zu einem Teig verarbeiten. Im Anschluss die Kürbisstücke mit dem Teig vermengen.
3. Eine Pfanne mit etwas Öl erhitzen und die Pancakes darin von beiden Seiten goldbraun anbraten. Die Pfanne so wenig wie möglich bewegen, da die Pancakes ansonsten verlaufen und eher zu knusprigen Pfannkuchen als saftige Pancakes werden.

Apfelpancakes mit feiner Zimtnote

Zeit: 25 Minuten
Schwierigkeitsgrad: Leicht

Nährwertangaben pro Person:
Kalorien: 210 kcal
Fett: 10,2 g
Eiweiß: 20,4 g
Kohlenhydrate: 7,9 g

Zutaten für 4 Personen:

- 150 g Mandelmehl
- 100 ml Buttermilch
- 100 g Joghurt
- 2 Eier
- 1 Apfel
- 1 TL Zimt
- Nach Belieben Zuckerersatz wie Stevia zum Süßen

Zubereitung:

1. Zuerst den Apfel schälen und das Kerngehäuse ausstechen. Den Apfel dann in dünne Ringe schneiden.
2. Die restlichen Zutaten in eine Schüssel füllen und dort mit einem Handrührgerät zu einem Teig verarbeiten.
3. Den Teig als einen großen Klecks in die Mitte der heißen Pfanne geben. Jeweils ein oder zwei Apfelringe in den Teig drücken. Von beiden Seiten goldbraun anbraten. Die Apfelpancakes schmecken sowohl warm als auch kalt.

Pancakeburger mit Heidelbeerfrischkäse

Zeit: 30 Minuten
Schwierigkeitsgrad: Leicht

Nährwertangaben pro Person:
Kalorien: 420 kcal
Fett: 24,9 g
Eiweiß: 40,5 g
Kohlenhydrate: 4,6 g

Zutaten für 4 Personen:

- 250 g Mandelmehl
- 150 ml Buttermilch
- 150 g Joghurt
- 150 g Frischkäse
- 100 g Blaubeeren
- 4 Eier
- Nach Belieben Zuckerersatz wie Birkenzucker zum Süßen

Zubereitung:

1. Mandelmehl, Milch, Joghurt, Zuckerersatz und Eier in einer Schüssel zu einem Teig vermengen.
2. Den Teig in einer heißen Pfanne zu Pancakes ausbacken. Dabei sollten mindestens acht Pancakes entstehen.
3. Für die Füllung die Heidelbeeren und den Frischkäse vermischen. Jeweils auf vier Pancakes dick verstreichen und mit den anderen vier Pancakes abdecken. Ist noch Creme übrig, kann diese auch auf der Oberseite der Pancakes als dekorative Kleckse verteilt werden.

Haselnusspfannkuchen

Zeit: 25 Minuten
Schwierigkeitsgrad: Leicht

Nährwertangaben pro Person:
Kalorien: 460 kcal
Fett: 29,9 g
Eiweiß: 33,9 g
Kohlenhydrate: 10,8 g

Zutaten für 4 Personen:

- 150 g gemahlene Haselnüsse
- 100 g Eiweißpulver mit Vanillegeschmack
- 200 ml Milch
- 4 Eier
- 1 Prise Salz
- Nach Belieben Zuckerersatz wie Süßstoff

Zubereitung:

1. Alle Zutaten in einer Schüssel zu einem Teig vermischen.
2. Den Teig portionsweise in einer heißen Pfanne ausbacken. Dabei die Pfanne leicht schwenken, damit sich der Teig gleichmäßig verteilt und keine Löcher entstehen. Die Pfannkuchen schmecken warm am besten.

Schoko-Vanille Pfannkuchen mit Kokosflocken

Zeit: 25 Minuten
Schwierigkeitsgrad: Leicht

Nährwertangaben pro Person:
Kalorien: 489 kcal
Fett: 36,5 g
Eiweiß: 28,5 g
Kohlenhydrate: 7,3 g

Zutaten für 4 Personen:

- 150 g gemahlene Mandeln
- 50 g Kokosflocken
- 50 g Eiweißpulver mit Vanillegeschmack
- 200 ml Milch
- 4 Eier
- 2 EL Kakaopulver
- 1 Prise Salz
- Nach Belieben Zuckerersatz wie Süßstoff

Zubereitung:

1. Die Zutaten in eine Schüssel geben und mit einem Handrührgerät vermengen.
2. Den Teig portionsweise in der heißen Pfanne ausbacken. Durch leichtes Schwenken verteilt sich der Teig in der Pfanne besonders gleichmäßig.

Pfannkuchen mit Mascarponefüllung

Zeit: 25 Minuten
Schwierigkeitsgrad: Leicht

Nährwertangaben pro Person:
Kalorien: 390 kcal
Fett: 23,2 g
Eiweiß: 35,7 g
Kohlenhydrate: 6,8 g

Zutaten für 4 Personen:

- 150 g Mandelmehl
- 50 g Eiweißpulver
- 200 ml Milch
- 4 Eier
- 100 g Mascarpone
- 75 g Mandarinchenfilets
- 1 Prise Salz
- Nach Belieben Zuckerersatz wie Erythrit

Zubereitung:

1. Zuerst die Füllung herstellen und dafür die Mascarpone mit den Mandarinchenfilets vermengen. So wenig wie möglich umrühren, damit kein Saft austritt. Die Creme dann im Kühlschrank aufbewahren.
2. Die restlichen Zutaten in eine Schüssel geben und mit einem Handrührgerät zu einem Teig vermischen.
3. Den Teig portionsweise in einer heißen Pfanne ausbacken. Die Pfanne leicht schwenken, damit sich der Teig gleichmäßig über den gesamten Boden verteilt.
4. Die Mascarponecreme auf den Pfannkuchen aufteilen und diese danach aufrollen.

Crepes

Zeit: 25 Minuten
Schwierigkeitsgrad: Leicht

Nährwertangaben pro Person:
Kalorien: 212 kcal
Fett: 11 g
Eiweiß: 23,6 g
Kohlenhydrate: 3,6 g

Zutaten für 4 Personen:

- 150 g Mandelmehl
- 150 ml Milch
- 4 Eier
- 1 Prise Salz
- Nach Belieben Zuckersatz wie Birkenzucker

Zubereitung:

1. Alle Zutaten in einer Schüssel geben und mit dem Handrührgerät zu einem Teig verarbeiten.
2. Eine Pfanne mit Öl oder etwas Butter auf dem Herd erhitzen. Sobald die passende Hitze erreicht ist, den Teig portionsweise einfüllen und so lange schwenken bis sich der Teig hauchdünn über den gesamten Boden verteilt. Von beiden Seiten goldbraun anbraten, zusammenrollen und noch warm servieren.

Crepes mit Orangenaroma

Zeit: 25 Minuten
Schwierigkeitsgrad: Leicht

Nährwertangaben pro Person:
Kalorien: 214 kcal
Fett: 10,9 g
Eiweiß: 23,2 g
Kohlenhydrate: 3,3 g

Zutaten für 4 Personen:

- 150 g Mandelmehl
- 75 ml Milch
- 75 ml Orangensaft
- 4 Eier
- Abrieb einer Orange
- 1 Prise Salz
- Nach Belieben Zuckersatz wie Birkenzucker

Zubereitung:

1. Alle Zutaten in eine Schüssel füllen und mit dem Handrührgerät zu einem Teig vermengen. Für etwa 5 Minuten ziehen lassen, damit sich alle Aromen verbinden.
2. Eine Pfanne mit Öl oder etwas Butter auf dem Herd erhitzen. Sobald die passende Hitze erreicht ist, den Teig portionsweise einfüllen und so lange schwenken bis sich der Teig hauchdünn über den gesamten Boden verteilt. Von beiden Seiten goldbraun anbraten, zusammenrollen und noch warm servieren.

Mousse und Puddings

Mousse au Chocolat

Zeit: 10 Minuten
Schwierigkeitsgrad: Mittel

Nährwertangaben pro Person:
Kalorien: 337 kcal
Fett: 26,6 g
Eiweiß: 7,3 g
Kohlenhydrate: 10,9 g

Zutaten für 4 Personen:

- 300 ml Sahne
- 3 Eier
- 50 g Kakaopulver

Zubereitung:

1. Die Eier trennen und zuerst das Eiweiß zu Eischnee schlagen.
2. Das Eigelb mit den übrigen Zutaten vermengen.
3. Portionsweise den Eischnee unterheben. Die Mousse danach im Kühlschrank für mehrere Stunden kaltstellen.

Vanillemousse

Zeit: 30 Minuten
Schwierigkeitsgrad: Mittel

Nährwertangaben pro Person:
Kalorien: 146 kcal
Fett: 10,2 g
Eiweiß: 4 g
Kohlenhydrate: 8,6 g

Zutaten für 4 Personen:

- 100 ml Sahne
- 100 g Quark
- 100 g Joghurt
- 50 g Zuckerersatz wie Birkenzucker
- 2 Eiweiß
- 2 Gelatineblätter
- 2 Vanilleschoten

Zubereitung:

1. Zuerst die Gelatine mit etwas Wasser für etwa 10 Minuten oder wie auf der Packungsbeilage angegeben quellen lassen.
2. Die Vanilleschoten halbieren und vorsichtig das Mark auskratzen. In einer Schüssel zusammen mit Quark, Joghurt und dem Zuckerersatz vermengen.
3. Die Gelatine in der Mikrowelle mit etwas Wasser vollständig auflösen. Die Gelatine dann unter die Quarkmasse rühren. Diese Mischung nun im Kühlschrank für 2 Stunden stocken lassen.
4. Kurz vor Ende dieser Zeit das Eiweiß und die Sahne getrennt voneinander schlagen. Beide unter die kühle Creme portionsweise unterheben und die Mousse für weitere 2 Stunden im Kühlschrank kaltstellen.

Mokkamousse

Zeit: 20 Minuten
Schwierigkeitsgrad: Leicht

Nährwertangaben pro Person:
Kalorien: 172 kcal
Fett: 13,3 g
Eiweiß: 4,5 g
Kohlenhydrate: 7,1 g

Zutaten für 4 Personen:

- 300 ml Kaffee
- 200 ml Sahne
- 3 Blätter Gelatine
- Nach Belieben Zuckerersatz wie etwa Süßstoff

Zubereitung:

1. Die Gelatine in eine Schüssel mit etwas Wasser für etwa 10 Minuten einweichen lassen. Die Gelatineblätter dann in der Mikrowelle vollständig auflösen.
2. Die Gelatine in den noch warmen Kaffee geben und mit einem Schneebesen einrühren. Die Schüssel dann für ca. 90 Minuten im Kühlschrank kaltstellen.
3. Kurz vor Ende dieser Zeit die Sahne schlagen und portionsweise unter die Creme heben. Die entstandene Mousse für weitere 90 Minuten im Kühlschrank lagern und noch kalt servieren.

Mangocreme

Zeit: 20 Minuten
Schwierigkeitsgrad: Leicht

Nährwertangaben pro Person:
Kalorien: 253 kcal
Fett: 17,7 g
Eiweiß: 10,6 g
Kohlenhydrate: 10,9 g

Zutaten für 4 Personen:

- 1 reife Mango
- 400 g Quark
- 100 ml Sahne
- Nach Belieben Zuckerersatz wie Birkenzucker

Zubereitung:

1. Die Mango schälen und das Fruchtfleisch würfeln.
2. Die Mangowürfel und die Sahne mit einem Stabmixer pürieren.
3. Das Mangopüree mit dem Quark vermengen und bis zum Servieren im Kühlschrank lagern.

Vanillepudding mit Mandelgeschmack

Zeit: 20 Minuten
Schwierigkeitsgrad: Mittel

Nährwertangaben pro Person:
Kalorien: 215 kcal
Fett: 17,9 g
Eiweiß: 7 g
Kohlenhydrate: 4,1 g

Zutaten für 4 Personen:

- 300 ml ungesüßte Mandelmilch
- 200 ml Sahne
- 1 Vanilleschote
- 1 Päckchen gemahlene Gelatine
- 1 Eigelb
- Nach Belieben Zuckersatz wie Süßstoff

Zubereitung:

1. Zuerst die gemahlene Gelatine in einer Schüssel mit etwas Wasser einweichen lassen. Die Gelatine nach etwa 10 Minuten in der Mikrowelle auflösen.
2. In der Zwischenzeit zuerst die Vanilleschote halbieren und vorsichtig das Mark auskratzen.
3. Das Vanillemark mit der Mandelmilch und Sahne erhitzen. Die Gelatine hinzufügen und das Eigelb hinzufügen. Alles gut vermengen und in eine Schüssel füllen.
4. Für mindestens 1 Stunde kaltstellen und auch kalt servieren.

Schokoladenpudding

Zeit: 20 Minuten
Schwierigkeitsgrad: Leicht

Nährwertangaben pro Person:
Kalorien: 254 kcal
Fett: 20 g
Eiweiß: 8,9 g
Kohlenhydrate: 7,9 g

Zutaten für 4 Personen:

- 300 ml ungesüßte Kokosmilch
- 200 ml Sahne
- 50 g Kakaopulver
- 1 Päckchen gemahlene Gelatine
- Nach Belieben Zuckersatz wie Süßstoff

Zubereitung:

1. Zuerst die gemahlene Gelatine in einer Schüssel mit etwas Wasser einweichen lassen. Die Gelatine nach etwa 10 Minuten in der Mikrowelle auflösen.
2. Kokosmilch und Sahne in einem Topf erhitzen und danach die flüssige Gelatine einrühren.
3. Das Kakaopulver einrühren und alles in eine Schüssel füllen. Für 1 Stunde in den Kühlschrank stellen und kalt servieren.

Kokoscreme mit Johannisbeeren

Zeit: 15 Minuten
Schwierigkeitsgrad: Leicht

Nährwertangaben pro Person:
Kalorien: 384 kcal
Fett: 36 g
Eiweiß: 5 g
Kohlenhydrate: 6,6 g

Zutaten für 4 Personen:
- 200 g Mascarpone
- 200 g Joghurt
- 100 g rote Johannisbeeren
- 50 g Kokosflocken

Zubereitung:
1. Die Johannisbeeren waschen und von den Stielen zupfen.
2. Die Mascarpone mit den Kokosflocken und dem Joghurt vermischen.
3. Die Johannisbeeren mit dem Löffel einrühren. Entweder sofort servieren oder im Kühlschrank lagern.

Quark-Schichtdessert mit Baiser

Zeit: 15 Minuten
Schwierigkeitsgrad: Leicht

Nährwertangaben pro Person:
Kalorien: 171 kcal
Fett: 10,1 g
Eiweiß: 10,1 g
Kohlenhydrate: 8,5 g

Zutaten für 4 Personen:

- 400 g Quark
- 400 g Low Carb Baiser
- 200 g Mandarinchenfilets

Zubereitung:

1. Den Quark mit den Mandarinchen mischen.
2. Den Baiser zerbröseln und in eine Schüssel füllen.
3. Vier durchsichtige Dessertgläser bereitstellen und darin abwechselnd Baiser und Quark aufschichten. Sofort zervieren, damit der Baiser beim Essen bissfest bleibt.

Hüttenkäse-Schichtdessert mit Brombeeren

Zeit: 10 Minuten
Schwierigkeitsgrad: Leicht

Nährwertangaben pro Person:
Kalorien: 500 kcal
Fett: 25,4 g
Eiweiß: 54,1 g
Kohlenhydrate: 10,7 g

Zutaten für 4 Personen:
- 400 g Hüttenkäse
- 400 g Sojaflocken
- 200 g Brombeeren

Zubereitung:
1. Den Hüttenkäse mit den Brombeeren vermengen.
2. Vier Dessertgläser bereitstellen und abwechselnd mit dem Hüttenkäse und den Sojaflocken mischen. Zeitnah servieren, damit die Sojaflocken nicht zu weich werden.

Schichtdessert mit Walnüssen

Zeit: 15 Minuten
Schwierigkeitsgrad: Leicht

Nährwertangaben pro Person:
Kalorien: 543 kcal
Fett: 48,9 g
Eiweiß: 9,3 g
Kohlenhydrate: 9,8 g

Zutaten für 4 Personen:

- 400 g Joghurt
- 200 g Mascarpone
- 1 Vanilleschote
- 100 g gehackte Walnüsse

Zubereitung:

1. Die Vanilleschote halbieren und mit einem Messer das Vanillemark auskratzen.
2. Das Vanillemark mit der Mascarpone und dem Joghurt vermengen.
3. Vier Dessertgläser bereitstellen und dort abwechselnd die Vanillecreme und die gehackten Walnüsse einfüllen. Dieses Dessert lässt sich gut vorbereiten, da es gut im Kühlschrank aufbewahrt werden kann.

Herzhafte Desserts

Schoko-Chili-Muffins

Zeit: 30 Minuten
Schwierigkeitsgrad: Leicht

Nährwertangaben pro Person:
Kalorien: 700 kcal
Fett: 62,6 g
Eiweiß: 22,6 g
Kohlenhydrate: 6,5 g

Zutaten für 4 Personen:

- 250 g gemahlene Mandeln
- 100 g weiche Butter
- 4 Eier
- 1 rote Chilischote
- 3 EL Kakaopulver
- Nach Belieben Zuckerersatz wie Stevia

Zubereitung:

1. Die Eier trennen und die Eiweiße zu Eischnee schlagen. Danach die Chilischote schneiden und gemeinsam mit dem Eigelb unter Hilfe eines Stabmixers pürieren. Diese Mischung mit den übrigen Zutaten zu einem Teig mischen.
2. Im Anschluss den Eischnee portionsweise unterheben und auf Muffinförmchen verteilen. Für 20 Minuten im auf 175° vorgeheizten Ofen backen.

Kräuter-Käse-Bällchen

Zeit: 30 Minuten
Schwierigkeitsgrad: Leicht

Nährwertangaben pro Person:
Kalorien: 210 kcal
Fett: 11,2 g
Eiweiß: 23,1 g
Kohlenhydrate: 2,4 g

Zutaten für 4 Personen:

- 150 g Mandelmehl
- 4 Eier
- 25 g Parmesan
- 1 EL Rosmarin
- 1 EL Thymian

Zubereitung:

1. Das Mandelmehl und die Eier mit Hilfe eines Handrührgeräts vermengen.
2. Parmesan sowie die Kräuter mit einem Löffel unterheben.
3. Ein Blech mit Backpapier auslegen und den Teig mit zwei Löffeln zu kleinen Bällchen formen.
4. Diese für 20 Minuten in dem auf 180° vorgeheizten Ofen backen.

Käsechips mit Harzer Rolle

Zeit: 20 Minuten
Schwierigkeitsgrad: Leicht

Nährwertangaben pro Person:
Kalorien: 57 kcal
Fett: 0,3 g
Eiweiß: 13,5 g
Kohlenhydrate: 0 g

Zutaten für 4 Personen:

- 200 g Harzer Rolle

Zubereitung:

1. Die Harzer Rolle in hauchdünne Scheiben schneiden.
2. Ein Blech mit Backpapier auslegen und den Ofen auf 180° C vorheizen.
3. Die Käsescheiben einzeln auf ein Blech legen und für 15 Minuten backen. Die Käsechips vor dem Servieren abkühlen lassen.

Salamichips

Zeit: 20 Minuten
Schwierigkeitsgrad: Leicht

Nährwertangaben pro Person:
Kalorien: 220 kcal
Fett: 20 g
Eiweiß: 12,5 g
Kohlenhydrate: 0,5 g

Zutaten für 4 Personen:

- 100 g Salami
- 100 g Chorizo

Zubereitung:

1. Salami und Chorizo in hauchdünne Scheiben schneiden.
2. Ein Blech mit Backpapier auslegen und den Ofen auf 180° C vorheizen.
3. Die Salamischeiben auf dem Blech platzieren, ohne dass sich diese berühren. Für 15 Minuten backen und vor dem Servieren abkühlen lassen.

Speck-Porree-Muffins

Zeit: 30 Minuten
Schwierigkeitsgrad: Leicht

Nährwertangaben pro Person:
Kalorien: 565 kcal
Fett: 49,2 g
Eiweiß: 23 g
Kohlenhydrate: 3,9 g

Zutaten für 4 Personen:

- 200 g gemahlene Mandeln
- 75 g gewürfelter Speck
- 75 g Porree
- 75 g Butter
- 4 Eier
- 1 Prise Natron

Zubereitung:

1. Zuerst den Porree fein würfeln.
2. In Anschluss alle Zutaten bis auf Speck und Porree in eine Schüssel geben und dort zu einem Teig vermengen. Danach den gewürfelten Speck und Porree mit einem Löffel mit dem Teig vermischen.
3. Den fertigen Teig auf Muffinförmchen verteilen und für 25 Minuten in dem auf 175° vorgeheizten Ofen backen.

Herzhafte Pfannkuchen mit Spinat und Lachs

Zeit: 30 Minuten
Schwierigkeitsgrad: Leicht

Nährwertangaben pro Person:
Kalorien: 420 kcal
Fett: 24 g
Eiweiß: 42,4 g
Kohlenhydrate: 5,6 g

Zutaten für 4 Personen:

- 200 g Mandelmehl
- 150 g Räucherlachs
- 200 ml Milch
- 4 Eier
- 150 g Frischkäse
- 100 g frischen Spinat
- 1 TL Salz

Zubereitung:

1. Zuerst Mandelmehl, Milch, Eier und Salz zu einem glatten Teig vermischen.
2. Den Teig zu vier Pfannkuchen von beiden Seiten goldbraun ausbacken.
3. Die Pfannkuchen zuerst dünn mit Frischkäse bestreichen. Im Anschluss mit Lachs und Spinat belegen und vor dem Servieren einrollen.

Thunfisch Muffins mit Frühlingszwiebeln

Zeit: 30 Minuten
Schwierigkeitsgrad: Leicht

Nährwertangaben pro Person:
Kalorien: 575 kcal
Fett: 45,5 g
Eiweiß: 35,1 g
Kohlenhydrate: 5,1 g

Zutaten für 4 Personen:

- 200 g gemahlene Mandeln
- 150 g Kräuterfrischkäse
- 1 Dose Thunfisch
- 4 Eier
- 3 Frühlingszwiebeln
- Salz und Pfeffer nach Belieben

Zubereitung:

1. Zuerst den Thunfisch in einem Sieb abtropfen lassen. Danach die Frühlingszwiebeln in feine Ringe schneiden.
2. Die übrigen Zutaten in einer Schüssel zu einem Teig vermengen. Im Anschluss den Teig mit Salz und Pfeffer würzen und mit den bereits vorbereiteten Zutaten vermischen.
3. Den Teig auf Muffinförmchen verteilen und für 25 Minuten in dem auf 175° vorgeheizten Ofen backen.

Ingwer-Möhren-Törtchen

Zeit: 40 Minuten
Schwierigkeitsgrad: Leicht

Nährwertangaben pro Person:
Kalorien: 615 kcal
Fett: 50 g
Eiweiß: 29,3 g
Kohlenhydrate: 6,9 g

Zutaten für 4 Personen:

- 150 g Mandelmehl
- 150 g gemahlene Mandeln
- 150 g Möhren
- 100 g weiche Butter
- 25 g Ingwer
- 4 Eier

Zubereitung:

1. Zuerst Möhren und Ingwer schälen und sehr fein reiben. Beide Zutaten in einer Schüssel vermengen.
2. Im Anschluss die übrigen Zutaten in eine Rührschüssel geben und dort mit einem Handrührgerät vermengen. Danach das geriebene Gemüse hinzufügen und mit einem Löffel gut miteinander vermischen.
3. Den fertigen Teig auf Muffinförmchen aufteilen und für 30 - 35 Minuten in dem auf 175° vorgeheizten Ofen backen.

Käseplatte

Zeit: 5 Minuten
Schwierigkeitsgrad: Leicht

Nährwertangaben pro Person:
Kalorien: 216 kcal
Fett: 15,4 g
Eiweiß: 17,8 g
Kohlenhydrate: 0,2 g

Zutaten für 4 Personen:

- 75 g Harzer Rolle
- 75 g Camembert
- 75 g Tilsiter
- 75 g Blauschimmelkäse

Zubereitung:

- Den Käse als Stücke auf eine Servierplatte legen. Besteck zum Aufschneiden nicht vergessen und mit Low Carb Kräckern servieren.

Parmesangrissini mit Parmaschinken

Zeit: 50 Minuten
Schwierigkeitsgrad: Leicht

Nährwertangaben pro Person:
Kalorien: 354 kcal
Fett: 24,9 g
Eiweiß: 28,3 g
Kohlenhydrate: 1,8 g

Zutaten für 4 Personen:

- 8 Scheiben Parmaschinken
- 125 g Mandelmehl
- 75 g weiche Butter
- 50 g geriebener Käse
- 25 g geriebener Parmesan

Zubereitung:

1. Alle Zutaten bis auf den Schinken in eine Schüssel geben und dort mit dem Handrührgerät zu einem gleichmäßigen Teig verarbeiten. Bei Bedarf einen EL Wasser hinzufügen.
2. Den Teig in Frischhaltefolie einwickeln und für 25 Minuten im Kühlschrank lagern.
3. Den Teig danach mit den Händen zu acht gleichlangen Röllchen formen. Diese auf ein mit Backpapier ausgelegtes Blech legen und dort bei 175° für ca. 12 Minuten backen.
4. Die fertigen Grissini danach erst etwas abkühlen lassen und im Anschluss jedes Grissini mit einer Scheibe Parmaschinken umwickeln.

Eis und Sorbets

Cremiges Himbeersorbet

Zeit: 10 Minuten
Schwierigkeitsgrad: Leicht

Nährwertangaben pro Person:
Kalorien: 147 kcal
Fett: 10,4 g
Eiweiß: 3,6 g
Kohlenhydrate: 7,7 g

Zutaten für 4 Personen:

- 400 g Himbeeren
- 100 g Sahne
- 100 g Quark

Zubereitung:

1. Die Himbeeren waschen und mit einem Küchentuch vorsichtig trocknen.
2. Alle Zutaten in einen Mixer geben und für 3 - 4 Minuten auf höchster Stufe pürieren.
3. In eine Eismaschine füllen und unter Rühren zu einem cremigen Sorbet verarbeiten. Die Zubereitung funktioniert auch im Tiefkühlschrank. Dabei sollte das Sorbet jedoch mindestens zweimal pro Stunde durchgerührt werden, damit es nicht zu fest wird.

Low Carb Eis am Stiel

Zeit: 10 Minuten
Schwierigkeitsgrad: Leicht

Nährwertangaben pro Person:
Kalorien: 125 kcal
Fett: 6,2 g
Eiweiß: 12,3 g
Kohlenhydrate: 4,6 g

Zutaten für 4 Personen:

- 250 g griechischer Joghurt
- 100 g Erdbeeren
- 50 g Eiweißpulver mit Vanillegeschmack

Zubereitung:

1. Zuerst die Erdbeeren waschen, trocknen und fein würfeln.
2. Dann den griechischen Joghurt und das Eiweißpulver vermischen. Im Anschluss vorsichtig die Erdbeeren unterheben.
3. Die Joghurtmasse auf Eisformen verteilen und im Tiefkühlschrank für mehrere Stunden vollständig gefrieren lassen.

Frozen-Joghurt mit Limette

Zeit: 10 Minuten
Schwierigkeitsgrad: Leicht

Nährwertangaben pro Person:
Kalorien: 133 kcal
Fett: 10,1 g
Eiweiß: 4,2 g
Kohlenhydrate: 5,5 g

Zutaten für 4 Personen:

- 400 g griechischer Joghurt
- 100 ml Buttermilch
- Abrieb einer Limette
- Saft einer Limette

Zubereitung:

1. Den Limettensaft zusammen mit dem Joghurt und der Buttermilch in einer Schüssel vermengen. Zum Schluss den Limettenabrieb mit einem Löffel unterheben.
2. Die Eismasse entweder in eine Eismaschine füllen oder im Tiefkühlschrank gefrieren lassen. Bei der zweiten Variante das Eis während des Gefrierens mehrfach durchrühren, damit dieses nicht zu fest wird.

Vanilleeis mit Mascarpone

Zeit: 10 Minuten
Schwierigkeitsgrad: Leicht

Nährwertangaben pro Person:
Kalorien: 490 kcal
Fett: 45,4 g
Eiweiß: 7,8 g
Kohlenhydrate: 8,2 g

Zutaten für 4 Personen:

- 200 ml Sahne
- 200 ml Milch
- 200 g Mascarpone
- 100 g Zuckerersatz wie Birkenzucker
- 3 Eigelbe
- 2 Vanilleschoten

Zubereitung:

1. Zuerst das Mark der Vanilleschoten mit einem Messer entfernen.
2. Alle Zutaten in den Mixer füllen und auf höchster Stufe zu 3 Minuten mischen.
3. Die Eismasse entweder in eine Eismaschine füllen oder im Tiefkühlschrank gefrieren lassen. Bei der zweiten Variante das Eis während des Gefrierens mehrfach durchrühren, damit dieses nicht zu fest wird.

Buttermilcheis mit Brombeeren

Zeit: 10 Minuten
Schwierigkeitsgrad: Leicht

Nährwertangaben pro Person:
Kalorien: 117 kcal
Fett: 1 g
Eiweiß: 19,3 g
Kohlenhydrate: 7,6 g

Zutaten für 4 Personen:

- 400 ml Buttermilch
- 100 g Brombeeren
- 75 g Eiweißpulver mit Vanillegeschmack

Zubereitung:

1. Die Brombeeren waschen und vorsichtig mit einem Küchenpapier trocknen.
2. Alle Zutaten in einen Mixer geben und für 3 - 4 Minuten auf höchster Stufe pürieren. Nach Belieben im Anschluss mit Süßstoff oder anderem Zuckerersatz süßen.
3. Die Eismasse entweder in eine Eismaschine füllen oder im Tiefkühlschrank gefrieren lassen. Bei der zweiten Variante das Eis während des Gefrierens mehrfach durchrühren, damit dieses nicht zu fest wird.

Schoko-Haselnuss-Eis

Zeit: 10 Minuten
Schwierigkeitsgrad: Leicht

Nährwertangaben pro Person:
Kalorien: 406 kcal
Fett: 35 g
Eiweiß: 10,5 g
Kohlenhydrate: 9,9 g

Zutaten für 4 Personen:

- 400 ml Milch
- 200 g Mascarpone
- 2 Eier
- 3 EL Kakaopulver
- 25 g gemahlene Haselnüsse

Zubereitung:

1. Alle Zutaten in einem Mixer geben und dort für 3 Minuten auf höchster Stufe pürieren.
2. Die Eismasse im Anschluss entweder in eine Eismaschine füllen oder im Tiefkühlschrank gefrieren lassen. Bei der zweiten Variante das Eis während des Gefrierens mehrfach durchrühren, damit dieses nicht zu fest wird.

Frozen Joghurt mit Blaubeeren

Zeit: 10 Minuten
Schwierigkeitsgrad: Leicht

Nährwertangaben pro Person:
Kalorien: 138 kcal
Fett: 9,6 g
Eiweiß: 3,5 g
Kohlenhydrate: 7,7 g

Zutaten für 4 Personen:

- 400 g griechischer Joghurt
- 200 g Blaubeeren
- 50 g Zuckerersatz wie Stevia

Zubereitung:

1. Die Blaubeeren waschen und vorsichtig mit einem Küchentuch trocknen.
2. Alle Zutaten in den Mixer geben und dort für 3 - 4 Minuten sehr fein pürieren.
3. Die Masse danach entweder in eine Eismaschine füllen oder im Tiefkühlschrank gefrieren lassen. Bei der zweiten Variante das Frozen Joghurt während des Gefrierens mehrfach durchrühren, damit dieses nicht zu fest wird.

Eis mit gesalzenen Cashewnüssen

Zeit: 10 Minuten
Schwierigkeitsgrad: Leicht

Nährwertangaben pro Person:
Kalorien: 227 kcal
Fett: 17,2 g
Eiweiß: 7 g
Kohlenhydrate: 9,5 g

Zutaten für 4 Personen:

- 400 g griechischer Joghurt
- 200 ml Milch
- 50 g gesalzene Cashewnüsse

Zubereitung:

1. Zuerst den griechischen Joghurt und die Milch im Mixer für 2 Minuten vermengen.
2. Als nächstes die Cashewnüsse hinzufügen und für weitere 60 Sekunden im Mixer zerkleinern. Trotzdem sollten noch sichtbare Nussstücke vorhanden sein.
3. Die Eismasse im Anschluss entweder in eine Eismaschine füllen oder im Tiefkühlschrank gefrieren lassen. Bei der zweiten Variante das Eis während des Gefrierens mehrfach mit einem Löffel durchrühren, damit dieses nicht zu fest wird.

Papayaeis

Zeit: 10 Minuten
Schwierigkeitsgrad: Leicht

Nährwertangaben pro Person:
Kalorien: 120 kcal
Fett: 7,5 g
Eiweiß: 5,1 g
Kohlenhydrate: 7,2 g

Zutaten für 4 Personen:

- 300 g griechischer Joghurt
- 300 ml Buttermilch
- 200 g Papaya

Zubereitung:

1. Die Papaya zuerst mit einem Messer schälen und danach in Würfel schneiden.
2. Die Papayawürfel mit den übrigen Zutaten in einen Mixer geben und für 3 - 4 Minuten fein pürieren.
3. Die Eismasse entweder in eine Eismaschine füllen oder im Tiefkühlschrank gefrieren lassen. Bei der zweiten Variante das Eis während des Gefrierens mehrfach durchrühren, damit dieses nicht zu fest wird.

Meloneneis

Zeit: 10 Minuten
Schwierigkeitsgrad: Leicht

Nährwertangaben pro Person:
Kalorien: 150 kcal
Fett: 9,7 g
Eiweiß: 5,2 g
Kohlenhydrate: 8,8 g

Zutaten für 4 Personen:

- 400 g griechischer Joghurt
- 200 g Milch
- 200 g Galiamelone
- Nach Belieben Zuckerersatz wie Stevia

Zubereitung:

1. Die Galiamelone mit einem Messer schälen und das Fruchtfleisch in Stücke schneiden.
2. Mit den übrigen Zutaten in den Mixer geben und dort für 3 - 4 Minuten auf höchster Stufe pürieren.
3. Die Eismasse entweder in eine Eismaschine füllen oder im Tiefkühlschrank gefrieren lassen. Bei der zweiten Variante das Eis während des Gefrierens mehrfach durchrühren, damit dieses nicht zu fest wird.

Pralinen

Marzipankartoffeln

Zeit: 10 Minuten
Schwierigkeitsgrad: Leicht

Nährwertangaben pro Person:
Kalorien: 275 kcal
Fett: 19,7 g
Eiweiß: 18,2 g
Kohlenhydrate: 4,5 g

Zutaten für 4 Personen:

- 100 g Mandelmehl
- 100 g gemahlene Mandeln
- 100 g Süßstoff
- 50 ml Wasser
- 50 g Kakaopulver

Zubereitung:

1. Zuerst den Zuckerersatz in dem Wasser auflösen.
2. Im Anschluss Mandelmehl und gemahlene Mandeln hinzufügen. Die Zutaten zu einem Teig vermengen.
3. Den Teig mit den Händen zu kleinen Kugeln formen.
4. Das Kakaopulver auf einem flachen Teller verteilen und die Marzipankartoffeln darin rumrollen bis alle Seiten vom Kakao bedeckt sind.

Walnuss-Orangen-Pralinen

Zeit: 20 Minuten
Schwierigkeitsgrad: Leicht

Nährwertangaben pro Person:
Kalorien: 407 kcal
Fett: 36,1 g
Eiweiß: 11,7 g
Kohlenhydrate: 5,6 g

Zutaten für 4 Personen:

- 150 g gemahlene Mandeln
- 100 g feingehackte Walnüsse
- 50 ml Orangensaft

Zubereitung:

1. Alle Zutaten zusammen in eine Schüssel geben und zu einem glatten Teig vermengen.
2. Den Teig mit den Händen zu runden Pralinen formen.

Erdnussbutterpralinen

Zeit: 20 Minuten
Schwierigkeitsgrad: Leicht

Nährwertangaben pro Person:
Kalorien: 346 kcal
Fett: 22,6 g
Eiweiß: 24,9 g
Kohlenhydrate: 8,5 g

Zutaten für 4 Personen:

- 100 g Erdnussbutter
- 75 g Eiweißpulver mit Vanillegeschmack
- 75 g gemahlene Mandeln

Zubereitung:

1. Die Erdnussbutter in einem Topf bei mittlerer Hitze schmelzen lassen.
2. Die geschmolzene Erdnussbutter mit den übrigen Zutaten vermengen.
3. Die Masse in eine Pralinenform streichen und am besten über Nacht im Kühlschrank hart werden lassen.
4. Die Pralinen können so gegessen oder mit Zartbitterschokolade oder Kakaopulver überzogen werden.

Kokospraline

Zeit: 20 Minuten
Schwierigkeitsgrad: Mittel

Nährwertangaben pro Person:
Kalorien: 405 kcal
Fett: 39,2 g
Eiweiß: 6,9 g
Kohlenhydrate: 2,9 g

Zutaten für 4 Personen:

- 100 g gemahlene Mandeln
- 100 g Kokosflocken
- 50 g Kakaobutter

Zubereitung:

1. Die Kakaobutter im Wasserbad schmelzen.
2. Die geschmolzene Kakaobutter mit den übrigen Zutaten vermengen.
3. Mit den Händen runde Pralinen formen und die im Kühlschrank aushärten lassen.

Chilipralinen

Zeit: 15 Minuten
Schwierigkeitsgrad: Leicht

Nährwertangaben pro Person:
Kalorien: 396 kcal
Fett: 34,7 g
Eiweiß: 11,3 g
Kohlenhydrate: 6,5 g

Zutaten für 4 Personen:

- 150 g gemahlene Mandeln
- 50 g Kakaopulver
- 50 g Kakaobutter
- 25 g Chiliflocken

Zubereitung:

1. Die Kakaobutter im Wasserbad schmelzen.
2. Die geschmolzene Kakaobutter mit den gemahlenen Mandeln sowie der Hälfte des Kakaopulvers vermengen.
3. Die restlichen Zutaten in einer flachen Schüssel vermengen.
4. Mit den Händen runde Pralinen formen und diese durch die Kakaopulver-Chiliflocken-Mischung rollen bis alle Seiten bedeckt sind.
5. Die Pralinen dann im Kühlschrank lagern und aufbewahren.

Joghurtpraline mit Limette

Zeit: 20 Minuten
Schwierigkeitsgrad: Mittel

Nährwertangaben pro Person:
Kalorien: 395 kcal
Fett: 34,6 g
Eiweiß: 11,3 g
Kohlenhydrate: 6,5 g

Zutaten für 4 Personen:

- 100 g Kakaobutter
- 75 g Joghurt
- 25 ml Limettensaft

Zubereitung:

1. Die Kakaobutter im Wasserbad schmelzen.
2. Die flüssige Butter mit den restlichen Zutaten vermengen.
3. Die Masse in eine Pralinenform verstreichen und für mehrere Stunden im Kühlschrank fest werden lassen.

Gebrannte Mandeln mit Pistazien

Zeit: 15 Minuten
Schwierigkeitsgrad: Leicht

Nährwertangaben pro Person:
Kalorien: 307 kcal
Fett: 27,1 g
Eiweiß: 9,2 g
Kohlenhydrate: 4,4 g

Zutaten für 4 Personen:

- 150 g Mandeln
- 50 g gehackte Pistazien
- 150 g Zuckerersatz wie Erythrit
- 1 TL Zimt

Zubereitung:

1. Den Zuckerersatz mit etwas Wasser in einer Pfanne erhitzen.
2. Zimt und Pistazien in den aufgelösten Zucker geben und gut umrühren.
3. Die Mandeln hinzufügen und so lange schwenken bis alle Mandeln gleichmäßig von der klebrigen Masse bedeckt sind. Auf einen Teller legen und vor dem Servieren abkühlen lassen.

Holunderblütenpralinen

Zeit: 25 Minuten
Schwierigkeitsgrad: Leicht

Nährwertangaben pro Person:
Kalorien: 425 kcal
Fett: 41,4 g
Eiweiß: 6,5 g
Kohlenhydrate: 3 g

Zutaten für 4 Personen:

- 100 g Kakaobutter
- 100 ml Sahne
- 100 g gemahlene Mandeln
- 50 g Holunderblüten

Zubereitung:

1. Die Kakaobutter im Wasserbad schmelzen.
2. Die geschmolzene Kakaobutter mit den übrigen Zutaten vermengen.
3. Die Masse in einer Pralinenform streichen und für mehrere Stunden im Kühlschrank fest werden lassen.

Joghurt-Maracuja-Praline

Zeit: 20 Minuten
Schwierigkeitsgrad: Mittel

Nährwertangaben pro Person:
Kalorien: 285 kcal
Fett: 28,5 g
Eiweiß: 2 g
Kohlenhydrate: 2,6 g

Zutaten für 4 Personen:

- 100 g Kakaobutter
- 75 g Joghurt
- 50 g Kokosflocken
- 25 ml Maracujasaft

Zubereitung:

1. Die Kakaobutter im Wasserbad schmelzen.
2. Die flüssige Kakaobutter mit den übrigen Zutaten vermengen.
3. Die Masse in eine Pralinenform füllen und für mehrere Stunden im Kühlschrank fest werden lassen.

Schoko-Nuss-Praline

Zeit: 25 Minuten
Schwierigkeitsgrad: Mittel

Nährwertangaben pro Person:
Kalorien: 475 kcal
Fett: 46,5 g
Eiweiß: 9,5 g
Kohlenhydrate: 5,2 g

Zutaten für 4 Personen:

- 100 g gemahlene Mandeln
- 100 g Kakaobutter
- 50 g gehackte Haselnüsse
- 50 g Kakaopulver

Zubereitung:

1. Die Kakaobutter im Wasserbad schmelzen.
2. Die geschmolzene Kakaobuttermit den anderen Zutaten vermengen.
3. Die Pralinenmasse in eine Form streichen und für mehrere Stunden im Kühlschrank fest werden lassen.

Sweets und Fruchtgummis

Waldmeisterfruchtgummis

Zeit: 20 Minuten
Schwierigkeitsgrad: Leicht

Nährwertangaben pro Person:
Kalorien: 35 kcal
Fett: 0 g
Eiweiß: 6,5 g
Kohlenhydrate: 0 g

Zutaten für 4 Personen:

- 1 Tüte Waldmeistergötterspeise ohne Zucker
- 6 Blatt Gelatine
- 250 ml Wasser
- Flüssiges Stevia

Zubereitung:

1. Das Wasser in einem Topf erhitzen.
2. Den Topf vom Herd nehmen und die Gelatineblätter einzeln nacheinander in das Wasser geben. Unter ständigem Rühren die Gelatine im heißen Wasser auflösen.
3. Im Anschluss das Päckchen Götterspeise hinzufügen und für mindestens 3 weitere Minuten rühren bis sich das Pulver komplett in der Flüssigkeit aufgelöst hat. Nach Belieben mit flüssigem Stevia süßen.
4. Die Flüssigkeit in eine Form für Eiswürfel oder Pralinen füllen und

für mehrere Stunden in den Kühlschrank geben. Sobald die Gelatine vollständig fest geworden ist, können die Fruchtgummis verzehrt werden.

Exoticfruchtgummis

Zeit: 20 Minuten
Schwierigkeitsgrad: Leicht

Nährwertangaben pro Person:
Kalorien: 65 kcal
Fett: 0,2 g
Eiweiß: 7 g
Kohlenhydrate: 8,3 g

Zutaten für 4 Personen:

- 1 Tüte Zitronengötterspeise ohne Zucker
- 6 Blatt Gelatine
- 125 ml Orangensaft
- 125 ml Mangosaft
- Flüssiges Stevia

Zubereitung:

1. Die beiden Säfte in einem Topf erhitzen.
2. Den Topf vom Herd nehmen und die Gelatineblätter einzeln nacheinander in das Wasser geben. Unter ständigem Rühren die Gelatine im heißen Saft auflösen.
3. Im Anschluss das Päckchen Götterspeise hinzufügen und für mindestens 3 weitere Minuten rühren bis sich das Pulver komplett in der Flüssigkeit aufgelöst hat. Nach Belieben mit flüssigem Stevia süßen
4. Die Flüssigkeit in eine Form für Eiswürfel oder Pralinen füllen und für mehrere Stunden in den Kühlschrank geben. Sobald die Gelatine vollständig fest geworden ist, können die Fruchtgummis verzehrt werden.

Sprite-Fruchtgummis

Zeit: 20 Minuten
Schwierigkeitsgrad: Leicht

<u>Nährwertangaben pro Person:</u>
Kalorien: 35 kcal
Fett: 0 g
Eiweiß: 6,5 g
Kohlenhydrate: 0 g

<u>Zutaten für 4 Personen:</u>

- 1 Tüte Zitronengötterspeise ohne Zucker
- 6 Blatt Gelatine
- 250 ml Sprite Zero
- Flüssiges Stevia

Zubereitung:

1. Die Sprite Zero in einem Topf erhitzen. Die Kohlensäure verdampft dabei und ist in den späteren Fruchtgummis nicht mehr zu schmecken.
2. Den Topf vom Herd nehmen und die Gelatineblätter einzeln nacheinander in das Wasser geben. Unter ständigem Rühren die Gelatine in der heißen Sprite auflösen.
3. Im Anschluss das Päckchen Götterspeise hinzufügen und für mindestens 3 weitere Minuten rühren bis sich das Pulver komplett in der Flüssigkeit aufgelöst hat. Nach Belieben mit flüssigem Stevia süßen.
4. Die Flüssigkeit in eine Form für Eiswürfel oder Pralinen füllen und für mehrere Stunden in den Kühlschrank geben. Sobald die Gelatine vollständig fest geworden ist, können die Fruchtgummis verzehrt werden.

Cola-Fruchtgummis

Zeit: 20 Minuten
Schwierigkeitsgrad: Leicht

Nährwertangaben pro Person:
Kalorien: 35 kcal
Fett: 0 g
Eiweiß: 6,5 g
Kohlenhydrate: 0 g

Zutaten für 4 Personen:

- 1 Tüte Zitronengötterspeise ohne Zucker
- 6 Blatt Gelatine
- 250 ml Cola light
- Flüssiges Stevia

Zubereitung:

1. Die Cola light in einem Topf erhitzen. Die Kohlensäure verfliegt beim Erwärmen.
2. Den Topf vom Herd nehmen und die Gelatineblätter einzeln nacheinander in das Wasser geben. Unter ständigem Rühren die Gelatine in der heißen Cola auflösen.
3. Im Anschluss das Päckchen Götterspeise hinzufügen und für mindestens 3 weitere Minuten rühren bis sich das Pulver komplett in der Flüssigkeit aufgelöst hat. Nach Belieben mit flüssigem Stevia süßen.
4. Die Flüssigkeit in eine Form für Eiswürfel oder Pralinen füllen und für mehrere Stunden in den Kühlschrank geben. Sobald die Gelatine vollständig fest geworden ist, können die Fruchtgummis verzehrt werden.

Zitrusfruchtgummis

Zeit: 20 Minuten
Schwierigkeitsgrad: Leicht

Nährwertangaben pro Person:
Kalorien: 61,5 kcal
Fett: 0,2 g
Eiweiß: 7 g
Kohlenhydrate: 7,9 g

Zutaten für 4 Personen:

- 1 Tüte Zitronengötterspeise ohne Zucker
- 6 Blatt Gelatine
- 125 ml Grapefruitsaft
- 125 ml Mandarinchensaft
- Flüssiges Stevia

Zubereitung:

1. Die beiden Säfte in einem Topf erhitzen.
2. Den Topf vom Herd nehmen und die Gelatineblätter einzeln nacheinander in das Wasser geben. Unter ständigem Rühren die Gelatine im heißen Saft auflösen.
3. Im Anschluss das Päckchen Götterspeise hinzufügen und für mindestens 3 weitere Minuten rühren bis sich das Pulver komplett in der Flüssigkeit aufgelöst hat. Nach Belieben mit flüssigem Stevia süßen.
4. Die Flüssigkeit in eine Form für Eiswürfel oder Pralinen füllen und für mehrere Stunden in den Kühlschrank geben. Sobald die Gelatine vollständig fest geworden ist, können die Fruchtgummis verzehrt werden.

Joghurtgummis mit Himbeergeschmack

Zeit: 20 Minuten
Schwierigkeitsgrad: Leicht

Nährwertangaben pro Person:
Kalorien: 64 kcal
Fett: 2,3 g
Eiweiß: 7,3 g
Kohlenhydrate: 1 g

Zutaten für 4 Personen:

- 1 Tüte Himbeergötterspeise ohne Zucker
- 6 Blatt Gelatine
- 150 ml Wasser
- 100 g Joghurt
- Flüssiges Stevia

Zubereitung:

1. Das Wasser in einem Topf erhitzen.
2. Den Topf vom Herd nehmen und die Gelatineblätter einzeln nacheinander in das Wasser geben. Unter ständigem Rühren die Gelatine im heißen Wasser auflösen.
3. Den Joghurt dazugeben und mit dem Schneebesen vollständig vermengen.
4. Im Anschluss das Päckchen Götterspeise hinzufügen und für mindestens 3 weitere Minuten rühren bis sich das Pulver komplett in der Flüssigkeit aufgelöst hat. Nach Belieben mit flüssigem Stevia süßen.
5. Die Flüssigkeit in eine Form für Eiswürfel oder Pralinen füllen und für mehrere Stunden in den Kühlschrank geben. Sobald die Gelatine vollständig fest geworden ist, können die Joghurtgummis verzehrt werden.

Joghurtgummis mit Pfirsichgeschmack

Zeit: 20 Minuten
Schwierigkeitsgrad: Leicht

Nährwertangaben pro Person:
Kalorien: 82 kcal
Fett: 2,5 g
Eiweiß: 7,7 g
Kohlenhydrate: 3,7 g

Zutaten für 4 Personen:

- 1 Tüte Himbeergötterspeise ohne Zucker
- 6 Blatt Gelatine
- 150 ml Pfirsichsaft
- 100 g Joghurt
- Flüssiges Stevia

Zubereitung:

1. Den Saft in einem Topf erhitzen.
2. Den Topf vom Herd nehmen und die Gelatineblätter einzeln nacheinander in das Wasser geben. Unter ständigem Rühren die Gelatine im heißen Saft auflösen.
3. Den Joghurt hinzufügen und mit einem Schneebesen vollständig vermengen.
4. Im Anschluss das Päckchen Götterspeise hinzufügen und für mindestens 3 weitere Minuten rühren bis sich das Pulver komplett in der Flüssigkeit aufgelöst hat. Nach Belieben mit flüssigem Stevia süßen.
5. Die Flüssigkeit in eine Form für Eiswürfel oder Pralinen füllen und für mehrere Stunden in den Kühlschrank geben. Sobald die Gelatine vollständig fest geworden ist, können die Joghurtgummis verzehrt werden.

Apfelsaftfruchtgummis

Zeit: 20 Minuten
Schwierigkeitsgrad: Leicht

Nährwertangaben pro Person:
Kalorien: 65 kcal
Fett: 0,2 g
Eiweiß: 6,6 g
Kohlenhydrate: 6,4 g

Zutaten für 4 Personen:

- 1 Tüte Zitronengötterspeise ohne Zucker
- 6 Blatt Gelatine
- 250 ml Apfelsaft
- Flüssiges Stevia

Zubereitung:

1. Den Saft in einem Topf erhitzen.
2. Den Topf vom Herd nehmen und die Gelatineblätter einzeln nacheinander in das Wasser geben. Unter ständigem Rühren die Gelatine im heißen Saft auflösen.
3. Im Anschluss das Päckchen Götterspeise hinzufügen und für mindestens 3 weitere Minuten rühren bis sich das Pulver komplett in der Flüssigkeit aufgelöst hat. Nach Belieben mit flüssigem Stevia süßen.
4. Die Flüssigkeit in eine Form für Eiswürfel oder Pralinen füllen und für mehrere Stunden in den Kühlschrank geben. Sobald die Gelatine vollständig fest geworden ist, können die Fruchtgummis verzehrt werden.

Kirsch-Banane Joghurtgummis

Zeit: 20 Minuten
Schwierigkeitsgrad: Leicht

Nährwertangaben pro Person:
Kalorien: 90 kcal
Fett: 2,5 g
Eiweiß: 7,7 g
Kohlenhydrate: 6,2 g

Zutaten für 4 Personen:

- 1 Tüte Himbeergötterspeise ohne Zucker
- 6 Blatt Gelatine
- 150 ml Kirsch-Bananensaft
- 100 g Joghurt
- Flüssiges Stevia

Zubereitung:

1. Den Saft in einem Topf erhitzen.
2. Den Topf vom Herd nehmen und die Gelatineblätter einzeln nacheinander in das Wasser geben. Unter ständigem Rühren die Gelatine im heißen Saft auflösen.
3. Den Joghurt hinzufügen und mit einem Schneebesen vollständig unterheben.
4. Im Anschluss das Päckchen Götterspeise hinzufügen und für mindestens 3 weitere Minuten rühren bis sich das Pulver komplett in der Flüssigkeit aufgelöst hat. Nach Belieben mit flüssigem Stevia süßen.
5. Die Flüssigkeit in eine Form für Eiswürfel oder Pralinen füllen und für mehrere Stunden in den Kühlschrank geben. Sobald die Gelatine vollständig fest geworden ist, können die Joghurtgummis verzehrt werden.

ACE Fruchtgummis

Zeit: 20 Minuten
Schwierigkeitsgrad: Leicht

Nährwertangaben pro Person:
Kalorien: 58 kcal
Fett: 0,2 g
Eiweiß: 7,1 g
Kohlenhydrate: 5,3 g

Zutaten für 4 Personen:

- 1 Tüte Zitronengötterspeise ohne Zucker
- 6 Blatt Gelatine
- 150 ml Orangensaft
- 100 ml Möhrensaft
- Flüssiges Stevia

Zubereitung:

1. Den Saft in einem Topf erhitzen.
2. Den Topf vom Herd nehmen und die Gelatineblätter einzeln nacheinander in das Wasser geben. Unter ständigem Rühren die Gelatine im heißen Saft auflösen.
3. Im Anschluss das Päckchen Götterspeise hinzufügen und für mindestens 3 weitere Minuten rühren bis sich das Pulver komplett in der Flüssigkeit aufgelöst hat. Nach Belieben mit flüssigem Stevia süßen.
4. Die Flüssigkeit in eine Form für Eiswürfel oder Pralinen füllen und für mehrere Stunden in den Kühlschrank geben. Sobald die Gelatine vollständig fest geworden ist, können die Fruchtgummis verzehrt werden.

Regionale Desserts

Bayrische Creme

Zeit: 30 Minuten
Schwierigkeitsgrad: Mittel

Nährwertangaben pro Person:
Kalorien: 305 kcal
Fett: 25 g
Eiweiß: 10 g
Kohlenhydrate: 7,7 g

Zutaten für 4 Personen:

- 400 ml Milch
- 200 ml Sahne
- 6 Blätter Gelatine
- 4 Eigelbe
- 1 Vanilleschote
- Nach Belieben Süßstoff

Zubereitung:

1. Die Gelatine in etwas Wasser einweichen lassen.
2. Die Vanilleschote halbieren und das Mark mit Hilfe eines Messers auskratzen. Das Vanillemark mit der Milch zusammen aufkochen und danach zur Seite stellen.
3. In einem Wasserbad die Eigelbe und etwas Süßstoff schaumig schlagen. Die Schüssel aus dem heißen Wasser entfernen und die Vanillemilch langsam einrühren. Die Gelatineblätter hinzufügen und so lange rühren, bis sich diese in der heißen Flüssigkeit aufgelöst haben.

4. Die Sahne steif schlagen und langsam unter die Creme mischen. Auf vier Portionen verteilen und im Kühlschrank kaltstellen, bis die Creme vollständig geliert ist.

Stollen

Zeit: 60 Minute
Schwierigkeitsgrad: Leicht

Nährwertangaben pro Person:
Kalorien: 380 kcal
Fett: 27,5 g
Eiweiß: 26,2 g
Kohlenhydrate: 4,9 g

Zutaten für 4 Personen:

- 200 g Mandelmehl
- 200 g Quark
- 75 g weiche Butter
- 1 Ei
- 1 TL Backpulver
- Abrieb einer Orange
- 1 Prise Kardamom

Zubereitung:

1. Alle Zutaten in eine Schüssel geben und dort mit einem Handrührgerät zu einem Teig verarbeiten.
2. Den Teig auf der Arbeitsfläche mit den Händen zu einem Stollen formen. Alternativ kann der Teig auch in eine Kastenform gefüllt werden.
3. Für 50 Minuten in dem auf 150° vorgeheizten Ofen backen. Vor dem Servieren abkühlen lassen.

Himbeergötterspeise mit Mandarinenfilets

Zeit: 20 Minuten
Schwierigkeitsgrad: Leicht

Nährwertangaben pro Person:
Kalorien: 62 kcal
Fett: 0,1 g
Eiweiß: 8,9 g
Kohlenhydrate: 2,3 g

Zutaten für 4 Personen:

- 2 Mandarinen
- 2 Beutel Himbeergötterspeise
- 400 ml Wasser
- Zuckerersatz wie Birkenzucker

Zubereitung:

1. Das Wasser in einem Topf erhitzen. Im Anschluss den Zuckerersatz im heißen Wasser auflösen.
2. Das Götterspeisepulver einrühren und unter Rühren auflösen.
3. Die Mandarinenfilets mit einem scharfen Messer ausschneiden und in zwei Eiswürfelformen pro Öffnung jeweils ein Mandarinenfilet hineingeben.
4. Die Götterspeise darüber gießen und die Formen in den Kühlschrank stellen. Für mehrere Stunden kühlen, bis alle Würfel vollständig geliert sind.
5. Die Würfel aus den Formen lösen und vor dem Servieren auf vier Dessertschüsseln verteilen.

Heiße Liebe

Zeit: 10 Minuten
Schwierigkeitsgrad: Leicht

Nährwertangaben pro Person:
Kalorien: 162 kcal
Fett: 5,8 g
Eiweiß: 17,4 g
Kohlenhydrate: 9,2 g

Zutaten für 4 Personen:

- 500 g Hüttenkäse
- 500 g frische Himbeeren
- 1 Vanilleschote
- Zuckerersatz wie Stevia

Zubereitung:

1. Die Vanilleschote halbieren und mit einem Messer das Mark entfernen.
2. Das Vanillemark mit dem Hüttenkäse vermengen und auf vier Portionen aufteilen.
3. Die Himbeeren mit einem Stabmixer pürieren und nach Belieben mit Zuckerersatz abschmecken.
4. Das Himbeerpüree auf dem Hüttenkäse verteilen.

Waffeln mit heißen Kirschen

Zeit: 20 Minuten
Schwierigkeitsgrad: Leicht

Nährwertangaben pro Person:
Kalorien: 306 kcal
Fett: 14,4 g
Eiweiß: 30 g
Kohlenhydrate: 10,9 g

Zutaten für 4 Personen:

- 4 Low Carb Waffeln
- 300 g Kirschen im Glas
- 1 Prise Zimt
- Zuckerersatz in Pulverform

Zubereitung:

1. Die Kirschen abtropfen lassen.
2. Etwa 25 g Zuckerersatz mit 1 EL Wasser in einem Topf schmelzen. Die Kirschen hinzufügen und kurz im Zucker glasieren. Mit dem aufgefangenen Kirschsaft ablöschen und alle für etwa 10 Minuten bei mittlerer Hitze mit dem Zimt einkochen lassen.
3. Die Waffeln auf vier Teller verteilen und die heißen Kirschen darauf verteilen.

Mascarponequark mit roter Grütze

Zeit: 25 Minuten
Schwierigkeitsgrad: Leicht

Nährwertangaben pro Person:
Kalorien: 365 kcal
Fett: 30,3 g
Eiweiß: 9,5 g
Kohlenhydrate: 10,8 g

Zutaten für 4 Personen:

- 200 g Mascarpone
- 200 g Quark
- 200 g Himbeeren
- 100 g rote Johannisbeeren
- 100 g Brombeeren
- Zuckerersatz in Pulverform

Zubereitung:

1. Die Früchte mit einem Stabmixer grob pürieren.
2. Die zerkleinerten Früchte in einem Topf erhitzen und mit dem Zuckerersatz nach Belieben süßen.
3. In der Zwischenzeit die Mascarpone und den Quark vermengen und auf vier Portionen aufteilen.
4. Die warmen Früchte darauf verteilen und sofort servieren.

Erdbeer-Tiramisu

Zeit: 20 Minuten
Schwierigkeitsgrad: Leicht

Nährwertangaben pro Person:
Kalorien: 760 kcal
Fett: 65 g
Eiweiß: 26,2 g
Kohlenhydrate: 10 g

Zutaten für 4 Personen:

- 400 g Mascarpone
- 300 g Erdbeeren
- 200 g Sojaflocken
- 100 g Sahne

Zubereitung:

1. Die Erdbeeren mit einem Stabmixer pürieren.
2. Die Sahne schlagen und unter die Mascarpone heben.
3. Vier Dessertgläser bereitstellen und darin zuerst eine Lage Sojaflocken verteilen. Danach abwechselnd Mascarpone und Erdbeerpüree einfüllen. Zum Schluss wieder eine Lage Sojaflocken einfüllen und sofort servieren.

Sahnequark mit Sanddorn

Zeit: 25 Minuten
Schwierigkeitsgrad: Leicht

Nährwertangaben pro Person:
Kalorien: 355 kcal
Fett: 28,6 g
Eiweiß: 11,5 g
Kohlenhydrate: 10,4 g

Zutaten für 4 Personen:

- 400 g Quark
- 200 g Sahne
- 200 g Sanddornbeeren
- 100 g Apfelsaft

Zubereitung:

1. Die Kerne der Sanddornbeeren entfernen und mit dem Apfelsaft zusammen aufkochen. Bei mittlerer Hitze für 15 Minuten einkochen lassen.
2. Die Sahne aufschlagen und portionsweise unter den Quark heben.
3. Vier Dessertgläser bereitstellen und die Hälfte der Sanddornbeeren darin verteilen. Das Glas zu 2/3 mit Quark auffüllen und mit dem Rest der Früchte bedecken.

Quarkauflauf mit Quitten

Zeit: 40 Minuten
Schwierigkeitsgrad: Mittel

Nährwertangaben pro Person:
Kalorien: 441 kcal
Fett: 34,8 g
Eiweiß: 20,7 g
Kohlenhydrate: 10,3 g

Zutaten für 4 Personen:

- 400 g Quark
- 200 g Quitten
- 100 g gemahlene Mandeln
- 25 g weiche Butter
- 3 Eier
- 1 Vanilleschote

Zubereitung:

1. Zuerst die Quitten schälen und die Kerne entfernen. Das Fruchtfleisch danach in Würfel schneiden. Die Vanilleschote halbieren und das Mark mit einem Messer entfernen
2. Die Eier trennen und die Eigelbe mit der Butter und dem Vanillemark schaumig rühren.
3. Im Anschluss den Quark und die gemahlenen Mandeln dazugeben. Alle Zutaten gut miteinander vermengen.
4. Die Eiweiße zu Eischnee schlagen und diese portionsweise unter die Quarkmasse heben. Die Quittenwürfel vorsichtig hinzufügen und die Masse in eine Auflaufform geben.
5. Für 30 Minuten in dem auf 175° vorgeheizten Ofen backen. Noch warm servieren.

Pflaumen-Streusel-Dessert

Zeit: 30 Minuten
Schwierigkeitsgrad: Leicht

Nährwertangaben pro Person:
Kalorien: 470 kcal
Fett: 36,5 g
Eiweiß: 20,9 g
Kohlenhydrate: 10,6 g

Zutaten für 4 Personen:

- 350 g Pflaumen
- 200 g Mandelmehl
- 150 g Butter
- 75 g Zuckerersatz in Pulverform

Zubereitung:

1. Die Pflaumen waschen, halbieren und die Kerne entfernen.
2. Für die Streusel zuerst die Butter bei mittlerer Hitze in einem Topf langsam schmelzen lassen.
3. Die geschmolzene Butter mit den übrigen Zutaten vermengen. So lange rühren bis Streusel entstehen.
4. Vier Dessertgläser bereitstellen und abwechselnd Pflaumen und Streusel einfüllen. Im Anschluss zeitnah servieren.

Internationale Desserts

Englische Erdbeeren mit Minzsahne

Zeit: 15 Minuten
Schwierigkeitsgrad: Leicht

Nährwertangaben pro Person:
Kalorien: 200 kcal
Fett: 15,6 g
Eiweiß: 2,5 g
Kohlenhydrate: 9,8 g

Zutaten für 4 Personen:

- 600 g Erdbeeren
- 200 g Sahne
- 50 g frische Minze

Zubereitung:

1. Die Erdbeeren waschen und halbieren.
2. Die frische Minze schneiden und mit den Erdbeeren vermengen. Auf vier Dessertgläser verteilen.
3. Die Sahne steifschlagen und auf den Erdbeeren verteilen.

Griechischer Joghurt

Zeit: 15 Minuten
Schwierigkeitsgrad: Leicht

Nährwertangaben pro Person:
Kalorien: 355 kcal
Fett: 29,8 g
Eiweiß: 8,8 g
Kohlenhydrate: 10,8 g

Zutaten für 4 Personen:

- 600 g griechischer Joghurt
- 100 g gehackte Walnüsse
- 100 g Aprikosen
- 50 g Zuckerersatz in Pulverform

Zubereitung:

1. Die Aprikose halbieren und das Fruchtfleisch in feine Würfel schneiden.
2. Den Zuckerersatz in einer Pfanne mit einem EL Wasser schmelzen lassen. Die Aprikosenstücke und die gehackten Walnüsse hinzufügen. Bei mittlerer Hitze kurz karamellisieren lassen.
3. Vier Dessertgläser bereitstellen und den Joghurt darauf verteilen. Die Mischung auf der Pfanne darauf verteilen und sofort servieren.

Italienische Biscotti

Zeit: 60 Minuten
Schwierigkeitsgrad: Leicht

Nährwertangaben pro Person:
Kalorien: 315 kcal
Fett: 22,4 g
Eiweiß: 21,6 g
Kohlenhydrate: 3,6 g

Zutaten für 4 Personen:

- 200 g Mandelmehl
- 100 g Zuckerersatz wie Erythrit
- 75 g weiche Butter
- 1 Ei
- 1 TL Backpulver

Zubereitung:

1. Alle Zutaten in eine Schüssel geben. Mit einem Handrührgerät zu einem Teig vermengen. Den Teig im Anschluss 10 Minuten zugedeckt ruhen lassen.
2. Den Teig ausrollen und zu einem dünnen Laib formen. Mit einem Messer etwa 2 cm breite Scheiben abschneiden.
3. Die Biscotti für 40 Minuten in dem auf 150° vorgeheizten Ofen backen.

Neuseeländisches Kiwiparfait

Zeit: 20 Minuten
Schwierigkeitsgrad: Leicht

Nährwertangaben pro Person:
Kalorien: 295 kcal
Fett: 24,8 g
Eiweiß: 5,5 g
Kohlenhydrate: 10,9 g

Zutaten für 4 Personen:

- 400 g griechischer Joghurt
- 200 g Kiwis
- 200 g Sahne
- Nach Belieben Zuckerersatz wie Birkenzucker

Zubereitung:

1. Die Kiwis schälen und das Fruchtfleisch in kleine Stücke schneiden.
2. Mit den restlichen Zutaten in eine Schüssel füllen und auf höchster Stufe für mindestens 4 Minuten pürieren.
3. In eine Schüssel füllen und im Tierkühlschrank gefrieren lassen. Alle 30 Minuten mit einem Löffel durchrühren, damit das Parfait schön cremig wird.

Amerikanische Cakepops

Zeit: 20 Minuten
Schwierigkeitsgrad: Leicht

Nährwertangaben pro Person:
Kalorien: 531 kcal
Fett: 50,4 g
Eiweiß: 10,6 g
Kohlenhydrate: 4,6 g

Zutaten für 4 Personen:

- 150 g gemahlene Mandeln
- 25 g Kakaopulver
- 50 ml Milch
- 100 g Kakaobutter
- 50 g Kokosflocken

Zubereitung:

1. Gemahlene Mandeln, Kakaopulver und Milch in eine Schüssel geben und zu einem formbaren Teig vermengen. Bei Bedarf noch weitere Flüssigkeit hinzufügen.
2. Den entstandenen Teig zu kleinen Kugeln formen, diese auf Spieße stecken, aber nicht durchstechen und im Kühlschrank lagern.
3. Für das Topping zuerst die Kakaobutter im Wasserbad schmelzen und im Anschluss die geschmolzene Kakaobutter mit den Kokosflocken vermengen.
4. Die Cakepops darin eintauchen und von allen Seiten bedecken. Für weitere 2 Stunden im Kühlschrank lagern, bis alle Zutaten fest genug zum Verzehren sind.

Österreichischer Kaiserschmarrn mit Quark

Zeit: 20 Minuten
Schwierigkeitsgrad: Leicht

Nährwertangaben pro Person:
Kalorien: 390 kcal
Fett: 31,2 g
Eiweiß: 19,3 g
Kohlenhydrate: 5,3 g

Zutaten für 4 Personen:

- 150 g Mandelmehl
- 4 Eier
- 200 g Quark
- 100 ml Buttermilch
- 2 EL Zuckerersatz wie Stevia
- 1 Prise Salz

Zubereitung:

1. Die Eier trennen und die Eigelbe mit dem Quark und der Buttermilch vermengen. Das Mandelmehl über ein Sieb hinzufügen und langsam einrühren, um eine Klümpchenbildung zu vermeiden.
2. Das Eiweiß mit einer Prise Salz steifschlagen und portionsweise unter die Teigmasse heben.
3. Eine Pfanne mit etwas Öl oder Butter auf dem Herd erhitzen und dort den Kaiserschmarrn zuerst anbraten und später mit zwei Gabeln in der Pfanne zerreißen.

Französischer Ziegenkäse mit Birnen und Walnüssen

Zeit: 30 Minuten
Schwierigkeitsgrad: Leicht

Nährwertangaben pro Person:
Kalorien: 630 kcal
Fett: 48,3 g
Eiweiß: 35,3 g
Kohlenhydrate: 10,1 g

Zutaten für 4 Personen:
- 600 g Ziegenkäse
- 200 g Birne
- 100 g gehackte Walnüsse

Zubereitung:
1. Die Birne schälen, das Kerngehäuse entfernen und in dünne Spalten schneiden.
2. Den Ziegenkäse in vier gleichgroße Portionen aufteilen. Diese in eine Auflaufform legen. Die Birnenspalten und gehackten Walnüsse darauf verteilen.
3. Die Form bei 125° für 15 Minuten im Ofen erhitzen. Auf vier Teller aufteilen und noch warm servieren.

Italienisches Panna Cotta mit Mango

Zeit: 20 Minuten
Schwierigkeitsgrad: Mittel

Nährwertangaben pro Person:
Kalorien: 322 kcal
Fett: 27 g
Eiweiß: 8,6 g
Kohlenhydrate: 9 g

Zutaten für 4 Personen:

- 200 g Milch
- 200 g Sahne
- 200 g Schmand
- 100 g Mangosaft
- 6 Blatt Gelatine

Zubereitung:

1. Die Gelatine in etwas Wasser für etwa 10 Minuten einweichen lassen.
2. Milch, Sahne und Mangosaft in einem Topf zum Kochen bringen. Den Topf nach dem Aufkochen vom Herd nehmen und die Gelatine in der heißen Flüssigkeit auflösen.
3. Den Schmand einrühren und auf vier Dessertgläser verteilen. In den Kühlschrank stellen und für mehrere Stunden fest werden lassen.

Schweizer Zitrusquark

Zeit: 20 Minuten
Schwierigkeitsgrad: Leicht

Nährwertangaben pro Person:
Kalorien: 325 kcal
Fett: 25,7 g
Eiweiß: 11,3 g
Kohlenhydrate: 9,7 g

Zutaten für 4 Personen:

- 400 g Quark
- 200 g Sahne
- 1 Limette
- 1 Orange

Zubereitung:

1. Die Schale der Orange und der Limette abreiben. Die Zitrusfrüchte schälen und die Filets mit einem scharfen Messer entfernen.
2. Die Zitrusfilets mit dem Quark vermengen. Im Anschluss die Sahne schlagen und portionsweise unter den Quark heben.
3. In vier Dessertschüsseln geben und sofort servieren.

Niederländische Poffertjes

Zeit: 25 Minuten
Schwierigkeitsgrad: Leicht

Nährwertangaben pro Person:
Kalorien: 215 kcal
Fett: 10,2 g
Eiweiß: 24,9 g
Kohlenhydrate: 4,3 g

Zutaten für 4 Personen:

- 200 g Mandelmehl
- 200 g Milch
- 10 g Hefe
- 2 Eier
- 2 EL Zuckerersatz wie Birkenzucker
- 1 Prise Salz

Zubereitung:

1. Die Hefe in etwas warmer Milch auflösen.
2. Die aufgelöste Hefe mit allen übrigen Zutaten in eine Schüssel geben und mit einem Handrührgerät zu einem Teig vermengen. Den Teig im Anschluss für etwa 30 Minuten zugedeckt gehen lassen.
3. Den Teig in einer speziellen Form für Poffertjes ausbacken.

FAZIT - 100 DESSERTS

Wie gut Low Carb Desserts und Desserts zusammenpassen, beweist dieses Kochbuch mit Bravour. Denn auch wenn die Low Carb Küche oft mit einer Diät verwechselt wird, handelt es sich doch um eine langfristig angelegte Nahrungsumstellung. Doch wer will schon auch für das Wunschgewicht auf leckere Desserts verzichten. Mit den in diesem Kochbuch vorgestellten 100 Low Carb Desserts ist es sehr leicht, sich selbst, der Familie und Gästen einen raffinierten Nachtisch zu gönnen. Gesund abnehmen und dabei gleichzeitig auf nichts verzichten zu müssen, war daher noch niemals so leicht, als mit diesen Low Carb Desserts. Die Rezepte fast ohne Kohlenhydrate weisen durchgehend Nährwerte auf, die nicht mehr als 10 g Kohlenhydrate pro Person aufweisen. Daher ist es möglich, die Desserts perfekt in den Speiseplan einzufügen, ohne ein deutliches Plus an Kohlenhydraten zu sich zu nehmen. Aufgeteilt auf 10 Kategorien und unter Verwendung leicht erhältlicher Zutaten ist es für jeden möglich, seine Lieblingszutaten zu entdecken oder sich von einigen Low Carb Desserts positiv überraschen zu lassen. Da die Rezepte zudem entweder leicht bis mittelschwer zubereitet werden, können auch Menschen, die bisher nur selten Desserts zubereitet haben, hier ihre Fähigkeiten in der Küche weiter ausbauen. Wer zudem bereits Erfahrungen mit der Low Carb Küche gesammelt hat kann Zutaten auch ganz nach dem eigenen Geschmack austauschen. Das erhöht den Nutzen des Kochbuchs sogar noch weiter und schenkt viel kreativen Spielraum bei der Zubereitung.

War dieses Buch hilfreich für Sie? Dann würde ich mich auf Ihre **ehrliche Rezension** sehr freuen!

Der Grund, warum ich um Rezensionen bitte:

Leser-Rezensionen sind das Überlebenselixier einer jeden Autorenkarriere!

Vielen Dank für Ihre Unterstützung!

AUTOR

Wenige Kohlenhydrate, viel Genuss - Mathias Müller beschreibt in diesem wunderbaren Praxiskochbuch ausführlich über 100 Basisrezepte. Nicht nur der Anfängerkoch wird von Müllers klaren und sinnlichen Texten inspiriert, seinem Bauchgefühl in der Küche zu folgen und das Wesentliche eines Rezepts zu verstehen: 'Die Wahrheit ist, gutes Essen hat mit nichts anderem als dem einfachen Kochen von guten Zutaten zu tun'. Auch im umfangreichen Kapitel zu den Hauptgängen mit Fleisch und Fisch werden die vegetarischen Varianten nicht vergessen. Für jede Mahlzeit zahlreiche leckere und einfache Rezepte für eine gesunde Ernährung.

'GESUND LEBEN' ist Müllers Philosophie, die in dieser Neuausgabe des Klassikers „Rezepte ohne Kohlenhydrate – 100 Low Carb Desserts zum Abnehmerfolg in 2 Wochen " in jeder Zeile zu spüren ist.

Mathias Müller studierte Betriebswirtschaftslehre und arbeitet seit mehr als 10 Jahren als Marketing- und Vertriebs-Manager für verschiedene nationale und internationale Industrieunternehmen in unterschiedlichen Branchen.

Seit vielen Jahren beschäftigt er sich mit Gesundheits- und Ernährungsthemen, u.a. mit dem Schwerpunkt Low Carb. Müller hat verschiedene Bestseller veröffentlicht:

„Rezepte ohne Kohlenhydrate - 50 Mittagessen-Rezepte zum Abnehmerfolg in nur 2 Wochen"

„Rezepte ohne Kohlenhydrate - 40 einfache Low Carb Rezepte zum Abnehmerfolg in 2 Wochen"

„Rezepte ohne Kohlenhydrate – 100 Low Carb Rezepte mit dem Thermomix zum Abnehmerfolg in nur 2 Wochen"

„Rezepte ohne Kohlenhydrate – 50 Abendessen Rezepte zum langfristigen Abnehmerfolg"

„Rezepte ohne Kohlenhydrate - 50 Vegetarisch- und Vegan-Rezepte

zum Abnehmerfolg in nur 2 Wochen"

„Rezepte ohne Kohlenhydrate - 14-Tage-System mit leckeren Rezepten zum dauerhaften Abnehmen für zu Hause und unterwegs"

„Rezepte ohne Kohlenhydrate - 30 Low Carb Snacks für Zuhause und unterwegs"

„Rezepte ohne Kohlenhydrate – 100 Low Carb Frühstücksrezepte zum Abnehmerfolg in 2 Wochen"

17121433R00203

Printed in Poland
by Amazon Fulfillment
Poland Sp. z o.o., Wrocław